有名な

# これだけは知っておきたい 世界の金貨

## GOLD COINS OF THE WORLD

### ブリタニア金貨

イギリス王立造幣局発行の金貨。

裏面には本国の理想と価値を象徴する女神「ブリタニア女神」が描かれている。

### メイプルリーフ金貨

カナダ王室造幣局発行の世界初の純金金貨。

高度な偽造防止対策から信頼度が高く、世界一の流通量を誇るとされる。

### ウィーン金貨ハーモニー

オーストリア造幣局発行の金貨。

本国を象徴する「音楽」を主題に制作され、その美しさから世界中の人々を魅了している。

### 天皇陛下御在位60年記念10万円金貨

日本の造幣局が発行した日本初の記念金貨。

表面には平和を表す鳩と日本の自然や稲作文化を表す水が描かれている。

### イーグル金貨

アメリカ造幣局発行の金貨。元々は貨幣として発行されていたが、様々な歴史を経て、1986年からは資産向けに発行されている。

### パンダ金貨

中国の造幣局「中国造幣公司」発行の金貨。

毎年異なるジャイアントパンダの姿が描かれている点が人気を呼んでいる。

### 天皇陛下御即位記念10万円金貨

日本の造幣局が発行した記念金貨。

表面には健康長寿の意味合いを持つ鳳凰とめでたいときにかかる瑞雲が描かれている。

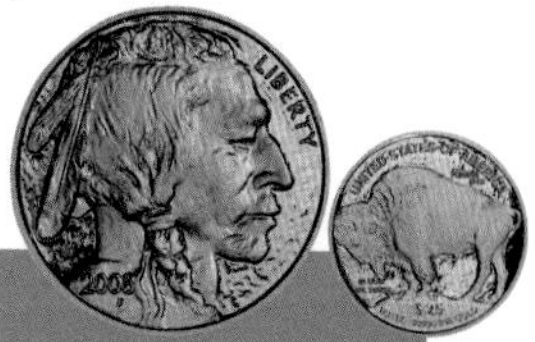

### バッファロー金貨

アメリカ造幣局発行の本国初の純金金貨。

アメリカの歴史を表すバッファローとネイティブアメリカンが描かれている。

### クルーガーランド金貨

南アフリカ共和国造幣局発行の金貨。

資産向け金貨の先駆け的存在であり、一時期はシェアの9割以上を占めていた。

### カンガルー金貨

オーストラリアのパース造幣局発行の金貨。

元々はナゲットの図柄だったが、1989年からはカンガルーの姿が描かれるようになった。

# 日本の記念金貨をピックアップ

**1986**

天皇陛下御在位60年
10万円金貨幣

**1990**

天皇陛下御即位
10万円金貨幣

**1993**

皇太子殿下御成婚
5万円金貨幣

**1997**

- 長野オリンピック
  冬季競技大会（第1次）
  1万円金貨幣
- 長野オリンピック
  冬季競技大会（第2次）
  1万円金貨幣

**1998**

長野オリンピック
冬季競技大会（第3次）
1万円金貨幣

**1999**

天皇陛下御在位10年
1万円金貨幣

**2002**

2002FIFAワールドカップ™
1万円金貨幣

**2004**

2005年日本国際博覧会
1万円金貨幣

**2009**

天皇陛下御在位20年
1万円金貨幣

**2015**

東日本大震災復興
事業記念
1万円金貨幣（4種類）

**2018**

2020年東京オリンピック・
パラリンピック
競技大会記念1万円金貨幣

**2019**

- 天皇陛下御在位30年記念
  1万円金貨幣
- ラグビーワールドカップ2019™
  日本大会記念1万円金貨幣

**2020**

2020年東京オリンピック・
パラリンピック
競技大会記念1万円金貨幣

**2021**

- 郵便制度150周年記念1万円金貨幣
- 近代通貨制度150周年記念1万円金貨幣
- 近代通貨制度150周年記念5千円金貨幣

**2022**

沖縄復帰50周年記念
1万円金貨幣

# 9割の投資家が知らない
# 金貨の世界

岩田龍樹［著］
認定金貨販売向上委員会［監修］

CROSSMEDIA PUBLISHING

# はじめに

今般、日本をはじめとする世界各国で多くの経済的変動が続いています。これは金（ゴールド）の価格の推移を読み解くことでわかります。

例えば、2020年春から始まった新型コロナウイルスの流行。ウイルスの脅威から生まれた先行きの不透明さや各業界への影響もあり、2019年夏ごろに1グラム5000円（税込）だった価格が、2020年夏ごろには1グラム7000円になりました。2023年3月には、アメリカのシリコンバレー銀行が過去に破綻した銀行の資産規模としてアメリカ史上2番目（当時）となる経営破綻を起こした影響もあり、初の1グラム9000円台に。そして、2023年8月ごろには、中国の大手不動産デベロッパーである中国恒大集団《こうだいしゅうだん》の破産申請や円安などの影響で、1グラム1万円に届こうとしています。

こういったできごとが日々起こり、将来への不安が募る中、私たちはどのようにして自分の資産を長期的に守っていけばよいのでしょうか。資産家や投資家の中には、資産を守る方法として国債や金投資を挙げる方もいれば、不動産投資やアンティークコイン投資を挙げる方もいます。しかし、どの投資にも多少なりともリスクがあるため、「本当にこの投資で長期にわたって資産を守れるのだろうか?」と日々悩み、不安を抱えている方も多いはずです。

買取業に13年近く携わる私、岩田龍樹《いわたたつき》もその一人であり、仕事の傍らで常にこう考えてきました――「買取業という仕事を、自己資産を長期的に守る何かにつなげられないか」と。そして日々、多くのお客さまと会話したり買取商品への見識を深めたりして経験を積み、行き着いた答えこそが、本書の主題である「10万円金貨」だったのです。

さて、読者の皆さまは「金貨」と聞いて、どのようなイメージを抱きますでしょうか。「古くに発行された硬貨」「イベントの記念で発行される硬貨」「資産用途で発行される硬貨」など、金貨のイメージはそれぞれ異なるかもしれません。

私は買取業に携わる中でさまざまな商品を取り扱っていますが、ご縁があって「金貨」に特に力を入れています。第1章でご紹介するような資産向け金貨から、第2章でご紹介するような日本の記念金貨まで、さまざまな金貨を日々買い取らせていただいています。そのことから、現在は多少なりとも金貨への見識があると自負しています。

しかし、買取業に携わり始めたころの金貨のイメージは、「ゴールドバー（金の延べ棒）にデザインが刻まれているもの」くらいのものでした。加えて、金貨を持ち込んでくださるお客さまを見るたびに、「なぜ、金の延べ棒ではなく金貨を保有しているのだろう？」と不思議に思っていたほどです。

なぜ不思議に思っていたのかといえば、第4章でもご紹介しますが、多くの金を保有する場合は、手数料を含めると金貨よりも金の延べ棒のほうがお得だからです。よって、資産として金を持つなら金の延べ棒のほうが断然よいと考え、不思議に思っていたのです。

けれども、日々金貨を買い取っているうちに次第にその魅力に引き込まれ、イメージは変化していきます。

最初に私が金貨に魅力を感じるようになったのは、買取業に携わり始めて間もなくのこと。お客さまが買取店に持ち込んでくださる金貨の多くは、近代に発行された金貨です。近代の金貨はその日の金の価格をベースに買取価格が決まります。ただ、「年銘」や「記念デザイン」などによっては発行枚数が少ないケースがあり、それらは希少価値があるので高く買い取らせていただくのですが、これがまさに金の延べ棒にはない金貨ならではの部分でした。

この希少価値という観点から、金貨のデザインの違いや発行枚数、金貨が発行された背景などの歴史にも関心を持ち始め、調べていくうちに金貨には金の延べ棒とはまた違った魅力を感じるようになります。


次に変化を感じたきっかけは、これまたお客さまが持ち込んでくださる日本国内で発行された金貨を見たときでした。実は、日本国内でも催し物の記念として金貨が発行されることがあります。私たちは「国内金貨」と呼んでいて、日本円での額面が設定されているのが特徴です。

もちろん、海外で発行される金貨にも「ドル」や「ユーロ」などで額面が設定されているのですが、日本人の私としてはあまり馴染みがなかったことから、買取時にそこまで気にしていませんでした。しかし、国内金貨を買い取っているときに額面が設定されていることにふと気づき、「金貨にも額面が設定されているのか」と興味が湧き始めます。そして、海外で発行される金貨との額面の差などを調べるうちに、金貨にさらに心酔していったのです。つまり、金の延べ棒にはない「額面設定」に金貨の魅力を感じたわけです。

このようなイメージの変化を経て最終的に、日本で発行された高額面の金貨、「天皇陛下御在位60年記念10万円金貨」と「天皇陛下御即位記念10万円金貨」に出会います。これらの金貨はその名の通り「10万円」という額面が設定されていて、これは全世界を見渡してもトップクラスに高額です。

このうち、前者の「天皇陛下御在位60年記念10万円金貨」は、発行され始めた1986年当時、金としての価格は4・2万円ほどでした。額面の2分の1以下の価格ですね。

発行後20年以上もの間、額面よりも金としての価値が低い状況が続きました。しかし、2019年夏ごろから、金の価格が安定して1グラム5000円（税込）を超え、額面よりも金としての価値が上回るようになったのです。

このできごとを皮切りに、私は10万円金貨に次のようなイメージを抱くようになりました。それこそが、本書でご提案する**資産防衛のための10万円金貨**というイメージです。

詳しくは本書でご紹介しますが、10万円金貨は通常であれば金の価格に連動する資産（金投資）として扱えます。その上で、仮に金の価格が暴落しても額面の10万円は法的に保証される、というセーフティーネットとしての一面も兼ね備えています。

つまり、**資産防衛に向いている金投資の中でも、さらに手堅く長期的に保有するのに向いているのが、この10万円金貨**なのです。これが、私が買取業に携わる中で見いだした「資産防衛術」の答えのひとつです。

「私の金貨に対するイメージの変化を、読者の皆さまにも追体験してほしい」という思いから、本書ではこの変化を追うような章構成で、金貨のことを楽しくご紹介しています。第1章では、近代ではどのような資産向け金貨が発行されているのか。第2章では、日本国内ではどのような金貨が発行されているのか。第3章から、主題である10万円金貨に迫る流れとなります。

本書のタイトルにもある「金貨の世界」を深く知るために、またご自身の中で金貨のイメージが変わっていくことを感じていただくため、第1章からお読みいただけたら幸いです。金貨についてすでにお詳しい方や投資面の結論を早く知りたいという方は、読みたい章からお読みいただいても構いません。

本書を通じて、今般の不安定な世界情勢における資産防衛術のひとつとして10万円金貨の魅力と可能性を感じていただけたのなら、これ以上の喜びはありません。

## 第3章 金よりも価値がある「10万円金貨」の世界

第5章

# 10万円金貨投資の始めかた

カバーデザイン　城匡史
本文デザイン・DTP　石澤義裕
校正　株式会社RUHIA

# 第1章

# 人々を魅了する海外金貨の世界

# 1-1 教養のある人は、なぜ金貨に魅力を感じるのか

## ❖金貨の「2つの顔」

一口に「資産」といっても、株式や債券といった実体を持たない資産から、不動産やゴールドバー（金の延べ棒）といった実体を持つ資産まで幅広く存在します。

本書を手に取ったあなたは、その中でも「金貨」に少なからず興味をお持ちなのではないでしょうか。あるいは、金貨を保有する資産家が、いったい金貨のどこに魅力を感じているのかを知りたいと思っているかもしれません。よって、本章では、世界にはどのような金貨があり、それらの金貨がどうして人気なのかをご紹介します。

しかし、その前にひとつお伝えしたいことがあります。先ほども述べた「金貨のどこに魅力を感じるのか」というお話です。

その答えですが、金貨が持つ「2つの顔」に魅力があると私は考えています。その顔とは、「デザインとしての顔」と「資産としての顔」です。詳しくご紹介していきましょう。

## ❖デザインとしての顔

１つ目の顔は「デザインとしての顔」です。

金貨は日本国内のみならず世界各国で発行されており、種類ごとに描かれているデザインが異なります。その上、同じ種類の金貨でも発行された年によって異なるデザインが描かれている場合もあるのです。例えば、中国で発行されている「パンダ金貨」。この金貨は１９８２年から毎年発行されていますが、表面に描かれているジャイアントパンダのデザインが毎年異なります。

次頁の図1をご覧ください。左が発行開始当時（１９８２年銘）のパンダ金貨のデザインで、笹を抱えているジャイアントパンダが描かれています。真ん中が１９８３年銘のパンダ金貨で歩いているジャイアントパンダが、右が１９８７年銘のパンダ金貨で、水を飲んでいるジャイアントパンダが描かれています。

この３枚を見るだけでも、金貨のデザインを見て楽しむ感覚がわかるのではないでしょうか。パンダの愛らしさから、「すべてのデザインを集めたい！」という収集家が現れるのも頷けます。

図1　パンダ金貨 25周年記念バージョン
（左が1982年銘・中が1983年銘・右が1987年銘）

デザインそのものが収集欲を刺激するとはいっても、多くの収集家は「発行枚数」や「残存枚数」も気にします。発行枚数が少ない金貨のほうが入手困難であり、希少価値が高くなるためです。

先ほどのパンダ金貨の枚数を確認してみましょう。パンダ金貨は、年代や量目によって発行枚数が異なります。例えば、発行開始当初の１９８２年銘の一番重いものは１オンス（約31・１グラム）ですが、約１万４０００枚しか発行されていないといわれています。続いて、最も発行枚数が少ないのは１９９８年銘の２分の１オンス（約15・６グラム）です。こちらはなんと、たった約４２００枚しか発行されていないそうです。

ちなみに、パンダ金貨の２０２３年銘は1グラムから1キログラムの9種類が発行されており、量目が高いほど発行が限られます。１グラムなら50万枚、８グラムなら20万枚、１５０グラムなら1万枚、１キログラムなら１０００枚といった具合です。


では、どれくらいの発行枚数であれば「希少価値がある」といえるのでしょうか。私の感覚ですが、近代金貨の場合は1万枚前後あたりだという認識です。そのため、先ほどご紹介した約４２００枚のパンダ金貨は希少価値があるといえます。

このように金貨にはさまざまなデザインがあり、発行枚数が限られていることから、希少価値が生まれています。加えて、金貨は資産として見ることもできるのです。

## ❖資産としての顔

金貨を魅力的にしている2つ目の顔は、「資産としての顔」です。

金貨は、その名の通り「金」を素材としてつくられた硬貨です。つまり、金貨を保有することは、「金」という資産を保有しているとも捉えることができます。

「金」と聞くと、「保有していても資産が増えないからお得感がない」と感じる方もいるかもしれません。それはその通りで、例えば現金を銀行に預ければ利息がつきますし、株式は保有し続けるだけで配当金がもらえるものもあります。たしかに、金にはこれらのメリットはありません。

一方で、「金」だからこその強みがあります。それは、資産を守ることに長けているところです。

例えば、現金100万円を持っていた場合、インフレ状態（物価上昇局面）になるとその価値は目減りします。来年にインフレが2％進んだら、その100万円は実質的に約98万円の価値になってしまいます。もし、その現金に価値を与えている機関（国など）が消滅したら、無価値になる可能性だってあります。

一方で、金ならどうでしょう。金はそれ自体に高い価値がある上、世界中どこへ行っても売ることができます。加えて、金は実体を持つ「物」なので、インフレが進めばそれに伴って価値は上昇します。つまり、「**デザインを楽しむために金貨を集めていたら、それが自己資産を守ることにもなっていた**」なんて面白いことが起こるのが金貨の世界であり、金貨の魅力なのです。

ちなみに、先に紹介したパンダ金貨は、資産向けに発行されている金貨です。一般的には「地金《じがね》型金貨」といいますが、わかりにくいので本書では「資産向け金貨」と表現します。また、明確な区分ではありませんが、金貨には資産向け金貨以外にも、コレクション向けの「収集型金貨」、額面価値としての意味合いが強い「通貨型金貨」があります。

このうち、一般的には資産向け金貨が投資先として選ばれます。では、資産向け金貨にはどのようなものがあるのか。世界で発行されている代表的なものを６種類、ご紹介しましょう。

# 1-2 資産向け金貨の先駆け「クルーガーランド金貨」

## ❖クルーガーランド金貨とは

皆さんは、1980年代に投資家の間で金貨ブームがあったことをご存じでしょうか。その金貨ブームの中心になったのが「クルーガーランド金貨」であり、資産向け金貨の先駆け的存在として語り継がれています。

これだけ聞くと良い印象を持つかもしれません。しかし、この金貨には暗い過去もあるのです。その過去も含めて、クルーガーランド金貨をご紹介しましょう。

クルーガーランド金貨は、南アフリカ共和国造幣局により1967年から発行され始めた金貨です。当初は1オンスのみを発行していましたが、1980年からは10分の1オンス、4分の1オンス、2分の1オンスの量目も発行するようになりました。

図2 クルーガーランド金貨(2013年銘)

表面には当時トランスヴァール共和国（現在の南アフリカ共和国）の大統領だったポール・クルーガーの横顔が、裏面には同国を象徴する動物、スプリングボックが描かれています（図2参照）。このデザインは、同国で1982年から1990年に発行されていた1ポンド金貨がもとになっています。

この金貨が面白いのは、実は純金ではないところです。

写真を見ると、この金貨の裏面には「FINE GOLD」と刻まれています。これは純金（金の含有率が99・9%以上であること）を意味する用語です。しかし、実際のところは、金が約91・7%、銅が約8・3%の割合で生成された金貨なのです。銅が混ざっているため、純金の金貨と比べて少し赤みがかっています。

では、なぜ「FINE GOLD」と刻まれているのでしょうか。その答えは、約91・7%の金が1オンス（約31・1グラム）だからです。この金の重量に加えて、約8・3%の銅が混ぜられているため、この金貨の実際の重さは約33・93グラムとなっています。

また、クルーガーランド金貨には額面が設定されていないという特徴もあります。本章でご紹介するほかの資産向け金貨は、そのすべてに額面が設定されています。しかし、クルーガーランド金貨は金を販売する手段として発行され始めたことを主な理由として、額面が刻まれていません。これも、この金貨の面白いところだといえるでしょう。

これらがクルーガーランド金貨の特徴ですが、現在市場に出回っているクルーガーランド金貨はその大半が中古品です。その理由は、とある暗い過去に起因します。どのような過去があったのか、少し歴史を見てみましょう。

## ❖金貨ブームの中心にいたクルーガーランド金貨

クルーガーランド金貨が初めて発行されたのは、１９６７年7月3日。当時、南アフリカ共和国は世界一の金の産出量を誇っていました（２００７年に中国にトップの座を奪われてしまいましたが）。産出した金を販売する手段として、この金貨が発行されるようになりました。

そこから毎年発行されていましたが、当時の人々の金貨に対する認識は、「金を販売するための手段」や「催し物の記念に発行されるもの」といった具合で、資産としての意味合いは強くはありませんでした。

しかし、１９７8年から１９８０年ごろ、金貨に資産的価値が見いだされるようになります。そのきっかけは金の価格の高騰にありました。

当時は、イラン革命や第二次オイルショック、イラン・アメリカ大使館人質事件、ソ連のアフガニスタン侵攻など、世界規模のできごとがたびたび発生していました。加えて、１９８０年には、イラン・イラク戦争が本格化し始めます。

こういったできごとは、世界情勢の不安定化につながりました。世界情勢が不安定になると、多くの資産家は自分の資産を守るために金を買うようになります。結果、金の需要は高まり、もとは1グラム1300円ほど（年平均）だった金の価格が、なんと4400円ほどにまで高騰。ピーク時には1グラム約6900円にまで達していたと記録されています。

この金価格高騰の波を受けて、金を素材とする金貨に資産的価値が見いだされ、資産向けの金貨が流通し始めたのです。このとき金貨市場の9割以上を占めていたのが、クルーガーランド金貨でした。これが、この金貨が資産向け金貨の先駆けといわれる所以《ゆえん》です。

ちなみに、1980年からは1オンスだけでなく、10分の1オンス、4分の1オンス、2分の1オンスの量目も発行され始めました。金貨を少額でも買えるようにしたわけです。このことからも、当時のこのできごとがいかに大きな影響をもたらしたかがわかります。

このできごとは、実は日本にも影響がありました。日本では、1972年に金の輸入が自由化されたことから、徐々に金貨を買う人が増加。加えて、1980年代に大手地金業者が大々的に宣伝したことで、日本に数多くのクルーガーランド金貨が輸入されました。

当時、地方のテレビではクルーガーランド金貨のＣＭが流れていたこともあったため、読者の中にも覚えがある方がいらっしゃるかもしれません。

## ❖とあるできごとにより王座から転落

このような流れで、１９８０年代前半には世界で圧倒的な流通量を誇っていたクルーガーランド金貨。しかしこのあと、南アフリカへの経済制裁があり、金貨も巻き込まれてしまうのです。

制裁のきっかけは、当国で推進されていたアパルトヘイトでした。ご存じの方も多いと思いますが、アパルトヘイトとは、１９４８年から当国で推し進められた人種隔離政策のことです。当国には黒人や白人などの多人種が暮らしていますが、白人が有色人種を差別し、支配するための政策がとられていました。

この政策に対する反対運動が、１９８０年代に入り過熱します。それに対抗するべく、１９８５年に南アフリカ政府がさらに抑圧を強化。これをきっかけに国連安全保障理事会が加盟国に対し、南アフリカへの経済制裁を要請することになったのです。

経済制裁の内容には、南アフリカからの輸入を自粛するという項目がありました。クルーガーランド金貨も例外ではなく、各国が金貨の輸入を自粛することになったのです。その間にほかの国々が資産向け金貨を発行し始め、それらの金貨に王座を奪われてしまったというわけです。

これがクルーガーランド金貨の暗い過去です。その後、アパルトヘイトは1994年に失効しましたが、その間クルーガーランド金貨は悪政の象徴として嫌悪されていたこともあり、一時的に価値が下がっていました。しかし現在は、通常の資産向け金貨として親しまれています。

# 1-3　世界一の流通量を誇る「メイプルリーフ金貨」

続いてご紹介する資産向け金貨は、「メイプルリーフ金貨」です。世界一の流通量を誇るといわれ、世界中で人気も高いことから、「持っていないけれど見たことはある」という方もいらっしゃるかもしれません。

## ❖メイプルリーフ金貨とは

メイプルリーフ金貨は、カナダ王室造幣局により１９７９年から発行され始めた金貨です。量目は、20分の１オンス（１カナダドル）、10分の１オンス（５カナダドル）、４分の１オンス（10カナダドル）、２分の１オンス（20カナダドル）、１オンス（50カナダドル）の５種類。例外として、１９９４年銘にのみ15分の１オンス（２カナダドル）が存在します。資産向け金貨において、世界初の純金金貨です。

図3　メイプルリーフ金貨（2020年銘）

表面にはイギリスの元女王「エリザベス2世」の横顔、裏面にはカナダを象徴する「サトウカエデの葉（メイプルリーフ）」が描かれています（図3参照）。

「カナダの金貨なのに、イギリスの女王のデザイン？」と不思議に思うかもしれませんね。実はカナダはイギリス連邦王国の加盟国であり、発行開始当時、エリザベス2世が国家元首を務めていました。そのため、エリザベス2世への敬意の表れとして、金貨に彼女の横顔が描かれています。

メイプルリーフ金貨は現在、国際的な信頼性と評価が高い金貨になっており、世界一の流通量を誇ります。それにしても、なぜ、そんなにも信頼されているのでしょうか。

## ❖「高度な偽造防止対策」が魅力

メイプルリーフ金貨が信頼される理由のひとつとして、カナダ政府が保証する法定通貨であることが挙げられます。法定通貨とは、額面価格で決済できることが法的に認められている通貨のことです。少なくとも国が額面の価値を保証しているので安心感があります。しかし、ほかの資産向け金貨もたいがい発行国の法定通貨ですから、そこまで特別なことではありません。

むしろ、法定通貨であること以上に重要なのは、高度な偽造防止対策が施されていることでしょう。具体的な偽造防止対策は大きく3つあります。

まず1つ目の対策として、セキュリティマークがレーザー彫刻されています。現在発行されている1オンスのメイプルリーフ金貨の裏面には、右下に小さなサトウカエデの葉のマークが刻まれており、マークの中には年銘を表す2桁の数字が書いてあります。このマークはレーザーで彫刻されたもので、マイクロ単位で刻まれていることから偽造するのは非常に困難だといわれています。

この対策は、当時のカナダの1ドル硬貨や2ドル硬貨に施されていたものです。それが派生し、2013年銘の1オンスのメイプルリーフ金貨から施されるようになりました。

2つ目の対策として、金貨を認証する技術が組み込まれています。具体的には、カナダ王室造幣局とEDGYN SASという企業が共同で開発した独自技術「BULLION DNA™」が金貨に組み込まれています。認証の方法としては、専用の認証機でセキュリティマークを撮影し、その写真と造幣局が持つデータベースを照合します。データベースに登録されていれば真、されていなければ偽と判別されるのです。

現状ではこれが最も強い対策といえるかもしれません。2014年銘の1オンスのメイプルリーフ金貨から組み込まれるようになっており、私の知る限りでは、ほかの金貨には施されていない対策です。

最後に挙げる3つ目の対策は、2015年銘から導入されたコインの両面に刻まれている放射状のラインです。このラインは肉眼でもはっきり見えますが、マイクロ単位で刻まれたものであることから、偽造するのは困難です。

これら3つが、メイプルリーフ金貨の大きな偽造防止対策です。そのほかにも、表面のサトウカエデの葉が精密に刻まれていることも偽造防止につながっています。

このような偽造対策が施されていることで大きな信頼を集めるということは、裏を返せば、それだけ金貨が偽造されやすいともいえます。この金貨の偽造に関しては、第3章で別途ご説明します。

## ❖世界初のカラー金貨は「メイプルリーフ金貨」

メイプルリーフ金貨に関する話題はいくつかありますが、特にお話ししたいのは、世界で初めて発行されたカラー金貨はメイプルリーフ金貨であるという話です。

通常の金貨は「金」という素材であるがゆえに金色に輝いています。しかし、世の中には金貨の表面に版を印刷することで色付きにしている金貨も存在します。それこそが「カラー金貨」です。

例として、2014年に日本で発行された「天皇陛下半寿記念奉祝カラー金貨」をご紹介しましょう。この金貨は、日本の継宮明仁《つぐのみやあきひと》天皇陛下の81歳の誕生日を記念して、英連邦クック諸島政府が発行しました。

　この金貨のカラー部分は、鳳凰のまわりにある「日の出」と「松」です。日の出が赤色に、松が緑色に描かれています。カラー加工されていることで、中心にいる鳳凰がより凛々しく見えます。

　このようなカラー金貨に先駆けて世界で初めて発行されたのが、メイプルリーフ金貨のカラー金貨バージョンです。１９９９年にカナダ王室造幣局により約1万３０００枚発行されました。メイプルリーフ金貨誕生から20周年を記念して発行されたもので、発行枚数の少なさや珍しさから希少価値の高い金貨です。カラーになっている部分は裏面のサトウカエデの葉で、葉が赤紫色で描かれています。

　ちなみに、世界初のカラー金貨はメイプルリーフ金貨ですが、銀貨ではすでにカラー加工されたものが存在していました。世界初のカラー銀貨は、１９９２年にパラオ共和国で発行された銀貨だといわれています。当時は硬貨にカラー加工を施すことで「着色した部分が変色してしまうのではないか」と不安視されていました。しかし、実際に保管し続けても特に問題がなかったことから、カラー硬貨が広まります。そこに目をつけて世界で初めてカラー加工を金貨に施したのが、メイプルリーフ金貨だったわけです。

メイプルリーフ金貨にはこのほかにも、ホログラム加工したバージョンや２０１０年のバンクーバーオリンピックを記念したバージョン、花火が描かれたバージョンなどが存在します。加えて、２００７年には重さ１００キログラム、直径53センチメートルの超巨大なメイプルリーフ金貨が公開されました。その価値は、当時で約4億５０００万円以上。世界一の巨大金貨として当時ギネスブックにも登録された（現在は抜かれています）巨大金貨で、２０１２年には日本に初上陸しています。その様子はテレビで報道されたので、ご存じの方もいるかもしれません。

少し脱線してしまいましたが、金貨にはこういった特殊なデザインや規格が存在します。そのため、「実物を自分の目で見たい、集めたい！」と金貨を集め始める人たちがいるのです。金貨がただの資産ではなく、見て楽しめる資産だということがわかります。

## ❖なぜ王座まで上り詰めることができた？

メイプルリーフ金貨は今、資産向け金貨の王座的な立ち位置にあります。なぜ、王座まで上り詰めることができたのかは、資産向け金貨市場の歴史を知るとわかります。

クルーガーランド金貨のところでもお話しした通り、1970年代後半、金の価格の高騰などにより金貨に資産としての価値が見いだされ始めます。その末である1979年に誕生したのがメイプルリーフ金貨です。

この金貨は当時、金貨市場の独壇場だったクルーガーランド金貨に代わる金貨として、ウォルター・オット氏により発案されました。オット氏は、当時のカナダ王立造幣局の彫刻部門に所属していたデザイナーです。


オット氏が当時描いた目標は、「世界で最も純度が高く、最も人気になる金貨を発行すること」。特に前者がポイントで、1－2でもご紹介しましたが、クルーガーランド金貨は金の割合が約91・7％で純金ではありません。一方、メイプルリーフ金貨は、金の割合が99・9％以上の純金です（1982年銘以降は99・99％以上の純金となっています）。

つまり、資産向け金貨の中では初めての純金金貨であることをひとつのセールスポイントとして誕生したのが、メイプルリーフ金貨だったわけです。

１９７９年に誕生したこの金貨はその後、１９８５年ごろから始まったクルーガーランド金貨の輸入規制に乗じて、金貨市場の王座を奪取しました。ほかの国々もこの成功を見て資産向け金貨を発行し始めますが、メイプルリーフ金貨はそのデザイン性の高さもあり、シェアを大きく奪われることなく、いまだに王座的ポジションにいます。

もしクルーガーランド金貨の輸入規制がなければどうなっていたのか気になるところですが、今ある現実としては、ウォルター・オット氏が描いた目標の通り、メイプルリーフ金貨は人気のある金貨になっています。

# 1-4 コレクション的な人気が高い「カンガルー金貨」

## ❖カンガルー金貨とは

続いてご紹介する資産向け金貨は「カンガルー金貨」です。

パンダ金貨と同じく動物が描かれた金貨で、毎年異なるデザインが発行されていることから収集価値も併せ持ったものとなっています。

この金貨は、西オーストラリア州政府公営のパース造幣局により、１９８６年から発行され始めました。

量目は20分の1オンス（5豪ドル）、10分の1オンス（15豪ドル）、4分の1オンス（25豪ドル）、2分の1オンス（50豪ドル）、1オンス（１００豪ドル）の5種類。２０１０年からは、通称「Mini Roo」と呼ばれる０・５グラム（2豪ドル）のカンガルー金貨が発行されるようになりました。そのほか、例外として毎年同じ1頭のカンガルーの横向き姿のデザインで発行される1キログラム（３０００豪ドル）も存在します。どの量目も純金

図4　カンガルー金貨（2010年銘）

金貨です。

ちなみに、２０１２年には、現在世界最大の金貨「１００万ドルのカンガルー金貨」が制作されました。直径80センチメートル、厚さ12センチメートル、重さ1トン超えの金貨です。こちらも純金金貨なので、金が1グラム９７００円だとすれば97億円の価値があることになります。末恐ろしい金額ですよね。

さて、金貨のデザインは図４の通りです。表面にはイギリスの元女王「エリザベス２世」の横顔、裏面には「カンガルー」が描かれています。

メイプルリーフ金貨に引き続きエリザ

ベス2世が登場しているのは、カンガルー金貨の発行開始当初はエリザベス2世がオーストラリアの国家元首を務めていたことから、女王への敬意の表れとしてデザインされたためです。また、現在もイギリス連邦王国に加盟しておりイギリスと深い関係にあることから、引き続きエリザベス2世の顔が描かれています。

カンガルー金貨は、可愛らしいカンガルーのデザインもあって世界三大金貨と呼ばれるほど人気になりました。しかし、実は発行開始当初はカンガルーのデザインではなく、「カンガルー金貨」とは呼ばれていなかったのです。

## ❖発行開始当初は「ナゲット」がデザインされていた！

実は、発行開始当初は自然金塊（ゴールドナゲット）がデザインされていました。そのことから、「ナゲット金貨」と呼ばれています。チキンナゲットという単語の所以は、衣をまとい揚げた鶏肉の色や形状が自然金塊に似ているからだそうです。

実際の金貨を見てみましょう（図5参照）。年銘や量目によって描かれている金塊のデザインが異なりますが、これら金塊はオーストラリアで発見された名称付き大金塊に由来

図5 ナゲット金貨(左はHAND OF FAITH、右はWELCOME STRANGER)

しています。

左の金塊の下には「HAND OF FAITH 1980」と刻まれています。これは、１９８０年に発見された「HAND OF FAITH」という大金塊をデザインしたものです。

続いて、右の金塊には「WELCOME STRANGER 1669」と刻まれています。これも同じく１６６９年に発見された「WELCOME STRANGER」という大金塊をデザインしたものです。ちなみに、この金塊は世界一大きい金塊であり、重さはなんと97・14キログラムもあるそうです。

そういうわけで、１９８６年から

1988年までの3年間は、このナゲットのデザインで発行されていました（実際は1989年銘のナゲット金貨も存在します）。

## ❖カンガルーのデザインに変わった理由

しかし、1989年からは次第にカンガルーがデザインされ、名称も「カンガルー金貨」と呼ばれるようになりました。

なぜデザインが変更されたのか。それは、オーストラリアの金生産量が80年ぶりに100トンを超えるという大きな節目を迎えたからです。その節目にナゲット金貨に新たな関心を呼び寄せ、より希少性を持たせるために、カンガルーを採用することに決定しました。カンガルーはオーストラリアのシンボル的な存在で、国際的に広く認知されており、国章にも取り上げられています。

実際のカンガルー金貨のデザインを見てみましょう。

例えば、カンガルーのデザインに変わった1989年銘は、カンガルーが立っている姿が描かれています（図6・左）。続いて、2000年銘は2匹のカンガルーが横並びになっ

図6　カンガルー金貨（左が1989年銘・中が2000年銘・右が2015年銘）

ているデザイン（図６・中）、２０１５年銘は月の昇る草原を疾走するカンガルーが描かれています（図６・右）。

　このようにカンガルー金貨は毎年デザインが変わるため、毎年どんなデザインになるのか、収集家の間ではひとつの楽しみになっています。

　ちなみに、２００７年銘まではカンガルーのデザインの周りに「NUGGET」と刻まれていますが、２００８年銘以降は「KANGAROO」と刻まれるようになりました。そのこともあり、専門店によっては年銘関係なく「ナゲット金貨」と呼んでいたり「カンガルー金貨」と呼んでいたり、まちまちです。そんな側面があるのも面白いところです。

## ❖なぜナゲットがデザインされた?

そもそも、なぜ最初にナゲットのデザインが採用されたのでしょうか。その理由として、オーストラリアで起こった「ゴールドラッシュ」が挙げられます。

オーストラリアは、金や銀などの貴金属が豊富に埋蔵されている国であり、金に関しては西オーストラリアを中心に採掘が行われてきました。2021年の金産出量は約1000万オンス(約310トン)。中国に次ぐ世界2位の産出量となっています。

そのこともあり、過去には「ゴールドラッシュ」が何度も発生しています。この現象は、新しく金鉱(金の鉱山)が発見された際に、一攫千金を狙う人がその土地に一斉に押しかける現象のことです。

オーストラリアでこれが最初に起こったのは、1851年。国内の南東部「ニューサウスウェールズ」で、ジョン・リスターとトム兄弟が採算の取れるほどの量の金を発見し、エドワード・ハモンド・ハーグレイヴズがこれを広く宣伝してゴールドラッシュが始まりました。

続いてのゴールドラッシュは1885年以降に西オーストラリアで起こったもの。1885年にチャールズ・ホールとジャック・スラッテリーが「キンバリーゴールドラッシュ」を、1887年にはハリー・フランシス・アンティの一行が「イルガーンのゴールドラッシュ」を引き起こしました。

こうしたゴールドラッシュが何度も起こり、1891年に約5万人だった西オーストラリア州の人口は、1895年には倍の約10万人に膨れ上がり、さらに1901年には約18万5000人にも達しています。

このような過去を経て1986年、資産向け金貨がブームの最中、「1986年オーストラリア法」制定を果たしたオーストラリアが、付加価値を持つ貴金属商品を開発するプログラムを進行しました。その折に、このゴールドラッシュを象徴するものとして誕生したのがナゲット金貨だったのです。

# 1-5 メイプルリーフ金貨などへの対抗として誕生「ブリタニア金貨」

## ❖ブリタニア金貨とは

続いてご紹介する資産向け金貨は「ブリタニア金貨」です。イギリスの金貨で、これまで紹介してきたような他国の資産向け金貨へ対抗するために誕生しました。

この金貨は、イギリス王立造幣局により1987年から発行され始めました。量目は10分の1オンス（10ポンド）、4分の1オンス（25ポンド）、2分の1オンス（50ポンド）、1オンス（100ポンド）の4種類。2013年からは新たに20分の1オンス（1ポンド）と5オンス（500ポンド）が、2014年からは40分の1オンス（50ペンス）が発行され始めています。

ただし、年銘によって金の割合や素材が異なります。

1987年から1989年銘は金が約91・7%、銅が約8・3%の割合、1990年から2012年銘は銅ではなく銀が使われるようになっています。そして、2013年銘からは金の割合が99・9%以上（純金）で発行されるようになりました。純金へ変更した背景には、金の純度を高めることでブリタニア金貨の品質を向上させ、さらなる需要を引き出すという狙いがあったようです。

金貨の表面はイギリスの元女王「エリザベス2世」の横顔、裏面には「ブリタニア女神」が描かれています（次頁図7参照）。

メイプルリーフ金貨やカンガルー金貨と同じくエリザベス2世が登場しています。彼女はイギリス連邦の主権国家の君主だったことから、多くの金貨や銀貨に描かれています（この後にご紹介する金貨にも登場します）。

一方、裏面のブリタニア女神はイギリスの理想と価値を象徴する女神です。軍事力を示す「トライデント（三つ又の矛）」と「盾」、平和と食物を象徴する「オリーブの枝」を持った姿で描かれています。

図7 ブリタニア金貨（左上・右上は1987年銘、左下は1997年銘のプルーフ金貨、右下は2016年銘のプルーフ金貨）

しかし、このデザインのみが発行されていたのは１９９６年までです。本金貨の10周年を記念した１９９７年のプルーフ金貨からは、ブリタニア女神をメインとした別のデザインで発行されています。

プルーフ金貨とは、収集向けに鏡のように磨き上げられた金貨のことです。

例えば、デザインが初めて変更された１９９７年銘は、チャリオット（古代の戦闘用馬車）に乗ったブリタニア女神が描かれています（図７・左下）。２０１６年銘のプルーフ金貨ですと、ブリタニア女神とライオンが共に並ぶようなかたちで描かれています（図７・右下）。

異なるデザインを発行する理由は、パ

ンダ金貨やカンガルー金貨と同じように収集価値を持たせるためでしょう。また、これらプルーフ金貨は発行枚数が限られているため、その点がさらに収集価値を上げているのも面白いところです。

ちなみに、この金貨の名称にもなっている「ブリタニア」の意味ですが、古代ローマ時代の属州「ブリタンニア」があったグレートブリテン島南部の古称です。そこが現在のイギリスにあたるといわれているため、イギリスのことをブリタニアと呼ぶ方もいます。

## ❖なぜわざわざブリタニア金貨を発行し始めた？

資産向け金貨市場の歴史として、「クルーガーランド金貨の成功を見て、ほかの国々も資産向け金貨を発行し始めた」とお話ししました。そのひとつが、この１９８７年に発行を開始した「ブリタニア金貨」です。けれども実は、イギリスの金貨史は長く、流通貨幣としての金貨であれば、それ以前から発行されていたものもありました。金貨史を見てみると、ブリタニア金貨が発行され始めた理由が見えてきます。

そのひとつとして、有名なイギリス金貨「ソブリン金貨」をご紹介しましょう（次頁図

図8 ソブリン金貨(2008年銘、5ポンド)

8参照)。

ソブリン金貨は１８１７年から発行され始めた金貨で、その前年にイギリスにて金本位制（金を通貨価値の基準とする制度）を採用した貨幣法が制定された際に誕生しました※。

つまり、当初は資産向け金貨ではなく流通貨幣として発行された金貨だったのです。その人気ぶりは目を見張るものがあり、当時は国際貿易や海外でも使われていたといわれています。

１９１４年の第一次世界大戦のころになり、この金貨はイギリス国内の流通から姿を消しますが、中東での需要が高まったことから１９５７年に復活します。

以降は主に資産向け金貨として扱われるようになりました。１９６７年にクルーガーランド金貨が登場した後も人気が衰えることはなく、現在もなお資産向け金貨として発行されています。

ここでひとつ疑問が生まれます。こんな金貨が存在しているにもかかわらず、なぜイギリスはわざわざ資産向け金貨としてブリタニア金貨を発行し始めたのか、という疑問です。

この答えは、「ソブリン金貨の形状が現代の資産向け金貨とは異なっていたから」だといえます。これをご説明するため、１オンスの資産向け金貨の直径を見てみましょう。

まず、クルーガーランド金貨の直径は32・7ミリメートルです。続いてメイプルリーフ金貨の直径は30・0ミリメートルとなっています。現在の日本の５００円硬貨が直径26・5ミリメートルなので、それよりも一回り大きいぐらいです。

ほかの金貨たちも、カンガルー金貨は直径32・6ミリメートル、ウィーン金貨ハーモニーは直径37・0ミリメートルと、30ミリメートル台のサイズとなっています。

一方で、ソブリン金貨のサイズはというと、標準の１ポンドのもので、量目7・99グラム（うち金が約91・7％の割合）、直径22・0ミリメートルとなっています。ほかの資産向け金貨と比べ、一回り小さいことがわかりますね。

ソブリン金貨がこのサイズなのは、額面価値に相当する金でつくられた金貨だからです。例えば、この金貨の標準である1ポンドの場合なら、1ポンド相当の金から金貨がつくられている、といった具合です。余談ですが、こういった額面と実質的価値の差がない貨幣のことを「本位貨幣《ほんいかへい》」と呼びます。

一方、資産向け金貨は、金取引のベースとなる「オンス」単位でつくられています。

このような背景から、イギリスはクルーガーランド金貨やメイプルリーフ金貨などに対抗するため、現代の資産向け金貨の形状に則した「ブリタニア金貨」を発行し始めたといわれています。

ちなみに、ブリタニア金貨のサイズは、発行開始当時の1オンスのもので量目34・0グラム（うち金が約91・7％の割合）、直径32・7ミリメートルでした。現代の資産向け金貨のサイズに則していることがわかりますね。

※この名称の金貨は15世紀ごろにも発行されていましたが、通常は１８１７年から発行され始めたものを指します。

# 1-6 音楽の都が生んだ金貨「ウィーン金貨ハーモニー」

## ❖ウィーン金貨ハーモニーとは

続いてご紹介する資産向け金貨は「ウィーン金貨ハーモニー」です。美しいデザインと優れた品質で世界中から高い評価を受けており、メイプルリーフ金貨やカンガルー金貨とともに「世界三大金貨」と呼ばれています。

その評価の高さは、金業界で有名な組織「ワールド・ゴールド・カウンシル」が「１９９０年代初めから２０００年までの間で最も売れた金貨がウィーン金貨ハーモニーだった」とご紹介したことから予測できるかと思います。

この金貨は、オーストリア造幣局により１９８９年から発行され始めました。その翌年にはすでに、ヨーロッパで最も人気のある金貨で、世界で２番目に人気のある金貨だったといわれています。さらに2007年には、高品質な製品に与えられる「ウィーン・プロダクツ」の認定を受け、その価値がより一層高まりました。

量目は、当初は4分の1オンス（25ユーロ）、1オンス（100ユーロ）の2種類でしたが、1991年から10分の1オンス（10ユーロ）、1994年からは2分の1オンス（50ユーロ）、そして2014年からは25分の1オンス（4ユーロ）も発行されるようになりました※。

純度99・99％以上の金でつくられている純金金貨で、1オンスのものだと直径37ミリメートルと、ほかの金貨と比べてやや大きいのが特徴です。

加えて注目すべきは、この金貨の美しいデザインでしょう。金貨の表面には、ウィーン楽友協会の大ホールにある黄金の間のパイプオルガン。裏面には、「ウィーン・フィルハーモニー管弦楽団」の6つの楽器（ウィンナホルン・ハープ・チェロ・ビオラ・バイオリン・ファゴット）が繊細に描かれています（図9参照）。

ウィーン・フィルハーモニー管弦楽団とは、オーストリアのウィーン楽友協会大ホールを本拠とする世界的に有名なオーケストラのことです。1842年に創立され、現在は約

図9 ウィーン金貨ハーモニー（2012年銘）

１５０人の楽員から成り立ち、多くの才能ある音楽家を擁しています。

しかしなぜ、ウィーン・フィルハーモニー管弦楽団が金貨のモチーフになっているのでしょうか。その答えは、このオーケストラがオーストリアの音楽の象徴だからです。

※２００１年まではユーロではなく、オーストリアシリング単位の額面価値を持っていました。

## ウィーン金貨ハーモニーのデザインの歴史

この金貨をデザインしたのは、オーストリアの彫刻家であるトーマス・ペゼンドルファー氏です。

事の始まりは1989年。資産向け金貨ブームの最中、オーストリアの中央銀行の子会社になったところから始まります。このとき、オーストリア造幣局がオーストリアのいる造幣局の彫刻部門内で資産向け金貨のデザインコンペが開催されました。「オーストリアを象徴するもの」という内容で開かれたそのコンペでは、シュテファン大聖堂やメルク修道院など、数多くのテーマが立案・議論されました。

その中で彼の目に留まったのは、言語の壁なく世界中の誰もが楽しめる「音楽」。そして、オーストリアの音楽を象徴するものを考えたときに出てきたのが、ウィーン・フィルハーモニー管弦楽団だったのです。

その後、彼はウィーン・フィルハーモニー管弦楽団の事務局に秘密裏にオファーをしに行きますが、そう簡単に事は運びません。この話を受けた事務局側の女性が懐疑的だったため、うまく話が進まなかったのです。しかし、運の良いことに、ペゼンドルファー氏と事務局の女性が話しているところに、とある理事会メンバーの奥さんが居合わせます。そして、奥さんが夫にオファーの件を話したことで、後日ペゼンドルファー氏がこのオーケストラに呼び出され、話が進んでいきました。

こうして時間は進み、1989年10月10日にウィーン金貨ハーモニーが誕生しました。

もしこの女性がいなかったら、別のデザインで発行されていたかもしれませんね。

ちなみに、この金貨はカンガルー金貨などとは違い、毎年同じデザインで発行されています。発行量も需要に応じて決まるため、毎年異なります。純金の金貨である上、音楽の都ウィーンを象徴するアート品としても楽しめることもあり、世界中の投資家や収集家を中心に人気を集めている金貨となっています。

## ❖超巨大金貨！　10万ユーロのウィーン金貨

これまでに、メイプルリーフ金貨やカンガルー金貨には超巨大金貨が存在するとご紹介してきました。実は、ウィーン金貨ハーモニーにも超巨大金貨があります。ウィーン金貨の15周年記念として2004年に製造された「10万ユーロのウィーン金貨」です。

「Big Phil」とも呼ばれるその金貨のサイズは直径37センチメートル、厚さ2センチメートル、重さ31・103キログラム（1000オンス）。メイプルリーフの超巨大金貨と同じく、当時は世界最大の金貨だったため、ギネスに認定されています。

ここで気になるのが、「このサイズの金貨をどのように制作しているのか」でしょう。当たり前ですが、巨大なので、通常の鋳造方法ではつくることはできません。精密に設計した後、コンピュータによる最先端技術とペゼンドルファー氏の指導による手作業の研磨によりつくられました。制作にかかった時間はなんと約130時間（約5日半）。これを聞くだけでも、いかに特別な金貨なのかを感じられるのではないでしょうか。

ちなみに、この金貨は世界で15枚だけ制作され、うち1枚はオーストリア国立銀行のコイン博物館に保管、それ以外は販売されました。販売された14枚はたった2週間ほどで完売したと記録されています。限定15枚中の1枚であることの証明として、オーストリア造幣局局長と副局長のサインが記された実物証明書が付属されています。

# 1-7　アメリカ国内初の純金金貨「バッファロー金貨」

## ❖バッファロー金貨とは

最後にご紹介する資産向け金貨は「バッファロー金貨」です。アメリカが初めて発行した純金の金貨になります。

実は本金貨が登場する以前から、アメリカでは、資産向け金貨として「イーグル金貨」が発行されていました。では、なぜバッファロー金貨を発行し始めたのか。この点も含め、金貨の概要や特徴などをご紹介しましょう。

この金貨は、アメリカ造幣局により２００６年から発行され始めた金貨です。量目は10分の１オンス（５ドル）、４分の１オンス（10ドル）、２分の１オンス（25ドル）、１オンス（50ドル）の４種類ありますが、毎年発行されているのは１オンスのみで、それ以外は２００８年にのみ発行されました。これが、この金貨のひとつ面白いところでしょう。

まず前提として、バッファロー金貨には通常の金貨とプルーフ金貨の2種類が存在します。このうち、後者のプルーフ金貨は2008年にしか発行されていません。その量目が先ほどご紹介した全4種類であり、ほかの年は通常の金貨で、かつ1オンスのみ発行されています。つまり、1オンス以外のバッファロー金貨であれば、それは2008年のプルーフ金貨で確定しているのです。

続いて、実際の金貨のデザインを見てみましょう。表面は「先住民のネイティブ・アメリカン」、裏面には「バッファロー」が描かれています（図10参照）。また、プルーフ金貨の場合は、表面の先住民の首の左側の余白に「W」の刻印が打たれています。そのことから、素人でも簡単にプルーフ金貨であるかどうかを見抜けるのも面白いところです。

これがバッファロー金貨の概要ですが、なぜ2000年代になってアメリカは純金金貨を発行し始めたのでしょうか。簡単に歴史を振り返ってみましょう。

## ❖昔からアメリカで人気のある「イーグル金貨」

図10 バッファロー金貨（2008年銘のプルーフ金貨）

冒頭でもご紹介しましたが、「バッファロー金貨」以前に発行されたアメリカの金貨として「イーグル金貨」がありま す。イーグル金貨は１７９２年に成立した貨幣法に基づいて１７９５年に誕生した金貨です。表面には「正面を向いた自由の女神」、裏面には「二羽の白頭鷲」が描かれています。ただ、昔からこのデザインだったわけではありません。

この金貨が誕生した１７９５年から１８０４年までは、ターバンを被った女性の横顔がデザインされていました。１８３７年には量目をそのままに品位を少し上げたリバティヘッド（１８３８年〜１９０７年）と、インディアンヘッド

図11　イーグル金貨(2011年銘)

（１９０８年〜１９３３年）のデザインが発行開始。１８４９年からは、アメリカ金貨史上最も美しいデザインだといわれている「ダブルイーグル金貨」が発行され始めました。このようにイーグル金貨といっても、さまざまなデザインが存在します。

　このあと、１９３３年になるとイーグル金貨の発行が止まります。大恐慌に伴う経済対策でアメリカ政府が民間の金保有を制限したためです。そのことから、１９３３年銘のダブルイーグル金貨は非常に高い価値を持ちます。その価値はどれほどかというと、２０２１年のオークションにてこの金貨が登場したときに、

1887万ドル（当時で約20・7億円）で落札されたほどです。たった1枚の金貨に20億円とは、恐ろしい価格ですよね。

さらにときは進み、1986年以降になると、資産向け金貨としてイーグル金貨が再び発行されるようになりました。ちょうど金貨ブームが発生していたころで、実際に発行されたのは図11のデザインです。資産向け金貨の世界におけるイーグル金貨といえば通常、この1986年以降のものを指します。

これがイーグル金貨の歴史ですが、こんなに長い歴史のある金貨を発行していたにもかかわらず、アメリカは2006年からバッファロー金貨を発行し始めたのです。

## ❖なぜ「バッファロー金貨」が生まれた？

バッファロー金貨誕生のきっかけは、2005年12月にアメリカにて「大統領1ドル硬貨プログラム」という法律が実施されたことにあります。

この法律は、表面に自国の大統領の肖像を描いた1ドル硬貨を発行することをアメリカ造幣局へ命ずる法律です。この法律の目的は、アメリカ硬貨のデザインを活性化させることと、アメリカで流通する硬貨をそれ自体が美の対象であるかのような立場に戻すことの

2つでした。つまり、ダブルイーグル金貨時代を目指しているようなイメージです。

そして、この法律の第2条に基づき、造幣局は1オンスのバッファロー金貨の発行を開始。30万枚という発行制限のもと、アメリカで製造された初の純金金貨として一般に流通するようになったのです。


これがバッファロー金貨誕生の経緯なのですが、さらに注目したいのは、バッファロー金貨が純金金貨で発行されている点です。

実は先ほどご紹介したイーグル金貨は純金ではなく、ブリタニア金貨などと同じ約91・7％の金からつくられたものでした。金貨ブームのときに発行されたメイプルリーフ金貨などは純金であるため、どうしてもこの点で一歩劣っていました。それもあり、バッファロー金貨は純金金貨で発行されるようになったのです。

## ❖バッファロー金貨の前身「バッファロー・ニッケル」

ここからはバッファロー金貨のデザインに迫ります。バッファロー金貨が登場する前、実は同じデザインの硬貨がアメリカで発行されていました。その硬貨とは「バッファロー・ニッケル」で、1913年から1938年まで発行されていた硬貨です。5セントの硬貨で、フィラデルフィア、デンバー、サンフランシスコの造幣局が鋳造し、26年間で12億枚が発行されたとされています。

この硬貨ですが、実は年銘や鋳造元などによって希少価値があります。

例えば、デンバー造幣局で造られた貴重な2種類の硬貨が存在します。その1種類目は、1918年に造られた、1917年の打ち型で製造された硬貨で、「1918/7－D」硬貨として希少な種類となっています。2種類目は、1937年に発行された硬貨の中にある「3本足」と呼ばれる硬貨で、硬貨の型のエラーで裏側のバッファローの右前足がなくなったものです。4本足から1本がなくなっているため、「3本足」と呼ばれています。この2種類は約2万枚しか発行されなかったと推定されており、収集家の間では価値が高いものとなっています。

## ❖バッファロー金貨のデザインの由来

この金貨のデザインは、アメリカを象徴するものが採用されています。

かつてネイティブ・アメリカンは、バッファローを狩って生活していました。バッファローは彼らにとって生きるために必要な動物であり、感謝や豊かさのシンボルとして崇める存在でもありました。こうした時代背景から、アメリカを象徴するものとして、ネイティブ・アメリカンとバッファローがデザインされたといわれています。

ちなみに、ネイティブ・アメリカンはひとりをモデルにしたわけではなく、シャイアン族のリーダー、トゥー・ムーンのほか、複数の人物からインスピレーションを得たそうです。また、バッファローはニューヨークにあるセントラルパーク動物園で飼育されていたアメリカバイソン（「ブラックダイヤモンド」の愛称で親しまれた）がモデルだとされています。

アメリカ造幣局は、貨幣にデザインされたネイティブ・アメリカンの肖像画について、「私たちの土地の最初の住民の遺産」を称えるものだとし、バッファローについては「アメリカの西への拡大の開拓者精神を思い起こさせる」とコメントしました。

バッファロー・ニッケルのデザインは、一部の人たちからアメリカで発行された硬貨の中でも最もよいもののひとつと支持を集めていました。そのことから、バッファロー金貨のデザインに採用されたといいます。

# 1-8 日本発行の資産向け金貨は存在する？

## ❖資産向け金貨を売ると、どれくらいの価格になる？

これまで海外で発行されている資産向け金貨をご紹介してきましたが、「資産向け金貨」というからには、いくらで売れるのかが気になる方もいらっしゃるでしょう。

近年、日本の買取店では、これら資産向け金貨の買取価格は緩やかに上昇中です。例えば、1オンスのメイプルリーフ金貨の参考買取価格は、図12のように推移しています。2023年9月時点の参考価格は29万円程度となっていますね。ほかの金貨についても、基本的には金の価格がベースとなるため、同じように価格推移しています。

ただし、これらは平均的な価格であって、条件によってはさらに高い価格で買い取ってもらえる場合があります。。この「どのように価格が決まるのか」については、第2章で詳しくご説明します。

図12 メイプルリーフ金貨の参考買取価格

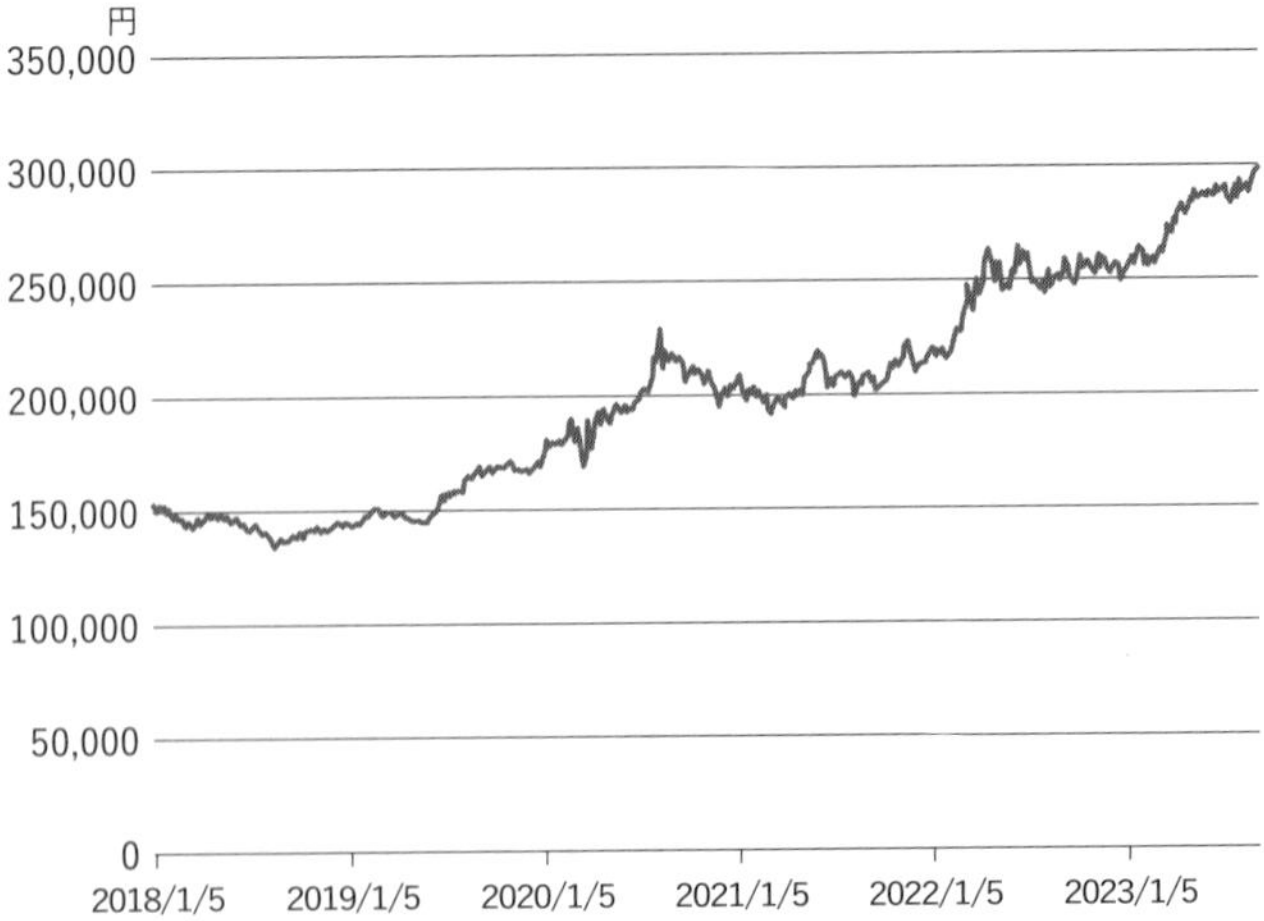

出典元:金貨買取本舗のデータをもとに作成

## ❖日本にも資産向け金貨は存在する?

世界全体を見ると、1970年代に金の高騰から金貨の資産的価値に注目が集まり、1980年代にその注目に便乗しいくつかの国が資産向け金貨を発行し始めた、という流れでした。

一方、日本ではどうなのかというと、資産向け金貨は発行されていません。

しかし、1986年から現在にかけて、金貨自体はたびたび発行されています。その金貨こそが、「記念金貨(記念硬貨)」です。第2章にてご紹介しましょう。

コラム

## 各国の人々はどの種類の資産向け金貨へ投資する？

第1章を読み、実際の人々がどの種類の資産向け金貨へ投資しているのか気になった方もいるのではないでしょうか。

この答えですが、日本在住者の場合は、国際的に広く認知されていて、流動性が高く、取引コスト（手数料など）が低い種類の金貨へ投資する人をよく見かけます。具体的に、私が買取現場でよく目にするのは「メイプルリーフ金貨」「ウィーン金貨ハーモニー」「カンガルー金貨」「クルーガーランド金貨」といった種類です。

後の章で詳しくご紹介しますが、第1章でご紹介したような希少性が低い金貨の場合は、基本的には金価格をベースに取引されます。よって、金何グラムからできているのかが重要であり、デザインの違いなどは基本的には大きく影響しません。

ゆえに、日本在住者の多くは、国内外で簡単に売却できるほどの認知度があり、取引が活発な種類の金貨へ投資しているわけです。

一方、資産向け金貨を発行している国の在住者は、自国の金貨へ投資するケースが多いようです。

例えば、アメリカでは自国が発行している「イーグル金貨」や「バッファロー金貨」、カナダでは、「メイプルリーフ金貨」が人気です。そのほか、ヨーロッパでは、「ブリタニア金貨」や「ウィーン金貨ハーモニー」が広く認知されており人気があります。

自国の金貨が人気な理由としては、自国の金貨であるがゆえに流動性が高い点・手に入りやすい点・税務や規制の取り扱いがわかりやすい点などが挙げられるでしょう。

加えて、大きい理由として、国によっては資産向け金貨に対する特定の税制や規制が適用される場合がある点も挙げられます。例えば、ヨーロッパの一部の国では、ウィーン金貨ハーモニーに対する付加価値税（ＶＡＴ）が免除されているなど、お得になる部分があったりするのです。

同じ資産向け金貨でも、どの国に住んでいるかによって見え方が変わる——この点も金貨のひとつの魅力ですよね。

# 第2章

# あなたの知らない「記念硬貨」の世界

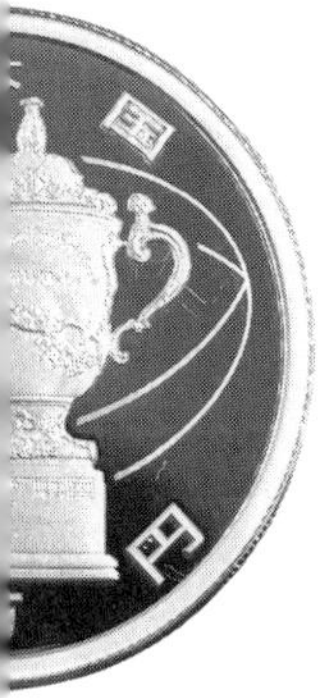

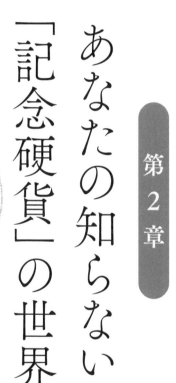

## 2-1 お祝いごとなどで特別につくられるのが「記念硬貨」

2019年4月30日、天皇陛下（明仁様）がご退位され、平成は終わりを迎えました。そして、5日1日に徳仁《なるひと》様が天皇陛下にご即位し、令和の時代が始まったことは読者の皆さんも記憶に新しいと思います。

実は、このご即位を記念して特別な貨幣が発行されています。発行された貨幣は、「1万円金貨」と「5百円バイカラー・クラッド貨幣」の2種類。どちらも硬貨であり、例えば1万円金貨の表面には縁起がよいとされる「鳳凰《ほうおう》と瑞雲《ずいうん》」が（図13参照）、5百円貨幣の表面にはご即位のときに使われる台座、「高御座《たかみくら》」がデザインされています。

私たちが普段使っているお金とはデザインがまったく違いますが、法的な貨幣であることに変わりはないので、銀行などで両替することが可能です。

図13　天皇陛下御即位記念1万円金貨幣

このように、国家的なお祝いごとなどが開催されると、それを記念して特別な貨幣が発行されます。この貨幣のことを「記念貨幣」といい、特に硬貨（コイン）の場合は「記念硬貨」、金貨の場合は「記念金貨」と呼びます。

そして、この記念金貨の中に本書で特に取り上げたい金貨が存在するのですが、それについては第3章にゆずるとして、まずこの第2章では「記念硬貨にどのようなものがあるのか」「その価格はどのように決まるのか」といった、記念硬貨の基礎知識をお伝えしていきます。

# 2-2 記念硬貨は世界中で発行されている！

記念硬貨にはどのようなものがあるのでしょうか。2－1で挙げたのは日本の記念硬貨でしたが、日本以外の国々でも記念硬貨は発行されています。例えば、「アメリカ建国200年記念硬貨」はその名の通り、1976年にアメリカが建国200年を迎えた記念に発行された硬貨です。そのほか、ヨーロッパで王室を持つ国々では、王室のお祝い事で記念硬貨が発行されることが多々あります。

また、世界的なイベントが開催されるときに発行される硬貨もあります。その中でも取り上げたいのは、「オリンピック記念硬貨」です。実はこの硬貨が発行され続けているきっかけは日本にあるのです。さっそくその話に迫りましょう。

## ❖オリンピック記念硬貨には日本が関係している！

オリンピックとは、皆さんもご存じのように4年に1回開催される世界的なスポーツの祭典です。現在開かれているのは「近代オリンピック」と呼ばれるものであり、1896

年にギリシャのアテネで開催されたのが始まりです。

実は現在、オリンピックが開催されるたびに、開催国がオリンピック記念硬貨を発行しています。しかし、１８９６年のオリンピック開始当初から発行していたわけではなく、初めて発行されたのは開始から56年後の１９５２年でした。


しかしなぜ、オリンピック記念硬貨が発行されるようになったのでしょうか。それには、記念硬貨発行の収益にヒントがあります。

まず、世界で初めてオリンピック記念硬貨が発行されたのは、１９５２年にフィンランドで開催された「ヘルシンキオリンピック」のときです。このときに発行された記念硬貨は銀を主成分とする銀貨で、５００マルッカ（フィンランドの旧通貨）の額面価値があるものでした。

表面には「五輪マーク」、裏面には「リースと額面」が描かれています。価値が高そうに感じるかもしれませんが、実は今でもネットオークションなどで１０００〜２０００円ほどで手に入ります。その理由は、銀という素材の価値が高くないのと、58・６万枚も発行されたといわれているためです。

図14 1964年東京オリンピック記念硬貨幣(上は1千円銀貨、下は1百円銀貨)

こうして、1952年のヘルシンキオリンピックのときに世界初のオリンピック記念硬貨が誕生したのですが、この年から「オリンピック開催時に記念硬貨を発行すること」が定着したわけではありません。

定着のきっかけをつくったのは、1964年の「東京オリンピック」です。このオリンピックはアジア初のオリンピックであり、開催を記念して日本で初めて記念硬貨が発行されました。実際に発行されたのは「1千円銀貨」と「1百円銀貨」の2種類です。

1千円銀貨は表面に「富士山と国花の

桜」、裏面に「桜と五輪マークと額面」。1百円銀貨は表面に「聖火台と五輪マーク」、裏面に「太陽と額面」が描かれています（図14参照）。発行枚数はそれぞれ1500万枚と8000万枚で、ヘルシンキのときよりも2桁も多いことがわかります。

これら銀貨は当時、想像以上の人気を集めました。金融機関の窓口で引き換えられるかたちでしたが、引き換え日には長蛇の列ができ、すぐに品切れになったほどです。この人気のおかげもあり多くの収益を得られたため、その一部を大会運営費に充てられたのです。

この東京オリンピックが成功例となり、その4年後の1968年に開催されたメキシコシティーオリンピックでも記念硬貨を発行。以降、大会運営費に充てることを主目的に、オリンピック開催時には記念硬貨を発行するようになりました。

ちなみに、オリンピック記念硬貨として世界で初めて記念金貨を発行したのも日本です。1998年に開催された長野オリンピックを記念して、1万円金貨が発行されました（次頁図15参照）。

このようなエピソードから、日本がオリンピック記念硬貨のパイオニア的な立ち位置にいたことがわかります。この事実を知った上でオリンピック記念硬貨を見てみると、なん

図15 長野オリンピック記念1万円金貨幣(第2次)

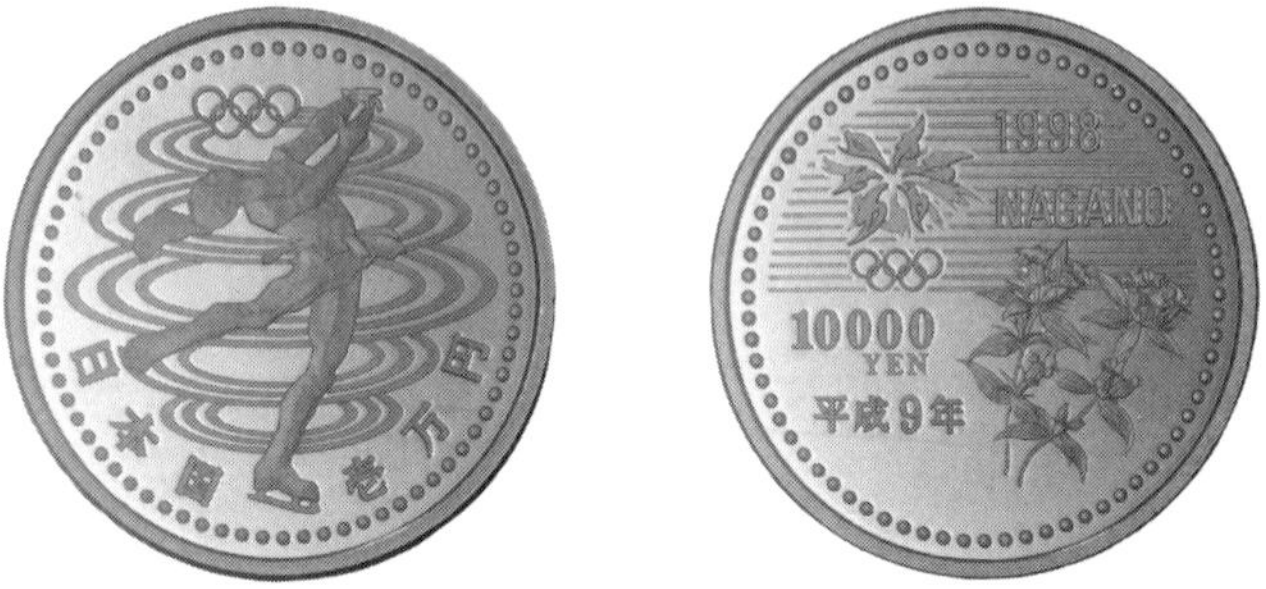


となくその存在の厚みを感じられるのではないでしょうか。

ちなみに、このほかの国際的なイベントにまつわる記念硬貨としては、サッカーのワールドカップ記念硬貨や万国博覧会記念硬貨などがあります。これらもオリンピック記念硬貨と同じく、開催国が発行するのが恒例となっています。

# 2-3 現在の記念硬貨の販売価格は額面通りではない！

## ❖１万円記念硬貨が１万円で買えない？

記念硬貨がどのようなものかわかったところで、その販売価格を確認してみましょう。

１９６４年の東京オリンピック記念硬貨は、当時両替で手にできる形式でしたので、額面通りの金額で買うことができました。つまり、１千円銀貨なら１０００円で、１百円銀貨なら１００円で購入できたということです。

そのことから、「1万円硬貨なら、1万円で買えるのでは？」と思うかもしれません。

しかし、そうではないのです。ここが記念硬貨の面白いところであり、本書の主題につながる部分でもあります。次からは日本国内で近年発行された記念硬貨をご紹介しつつ、その販売価格を確認していきます。

## ❖ラグビーワールドカップ2019™日本大会記念硬貨

最初に取り上げるのは、2019年に発行された「ラグビーワールドカップ2019™日本大会記念硬貨」です。この記念硬貨は、2019年に日本にてアジア初のラグビーワールドカップが開催された際に発行されました。実際に発行されたのは「1万円金貨」と「1千円銀貨」の2種類になります。

このラグビーワールドカップは、日本代表が活躍しベスト8を達成したことから、記憶に強く残っている方も多いことでしょう。どの試合もテレビの番組視聴率は高く、決勝トーナメント進出を決めたスコットランド戦に至っては、瞬間最高視聴率が53・7％にまで達したと記録されています。

1万円金貨はラグビーファンの心をくすぐるラグビーボール型のケースに収められたかたちで販売されました（図16参照）。この金貨は15・6グラムの金から、1千円銀貨は31・1グラムの銀からつくられています。

図16　ラグビーワールドカップ2019™日本大会記念1万円金貨幣(ケース入り)

これら記念硬貨は当時、日本の独立行政法人造幣局（以降「造幣局」と呼びます）の申込形式にて販売されました。造幣局とは、貨幣の製造などを行う機関です。

その申込件数はどれぐらいあったのでしょうか。

その答えは、1万円金貨は発行数1万枚に対し申し込みは約32・8万件、1千円銀貨は発行数5万枚に対し申し込みは約39・9万件です。当選倍率としては、1万円金貨は約33倍、1千円銀貨は約8倍になります。人気コンサートのチケットの倍率が5～8倍と聞きますから、この倍率が非常に高いことは言うまでもないでしょう。
こんなに人気のあった記念硬貨ですが、造幣局より販売された価格は次の通りです。

・1万円金貨　12万円
・1千円銀貨　9500円

これらは決してオークションなどの価格ではありません。額面に対して明らかに高い価格で販売されていることがわかりますね。具体的には、1万円金貨は約12倍、1千円銀貨は約9・5倍の金額です。

この価格のカラクリはあとで詳しくご紹介しますが、一言で述べますと、純金や純銀でつくられているためにこんな価格で販売されていました。つまり、素材の価値がこの価格につながっています。

## ❖郵便制度150周年記念硬貨

続いて取り上げるのは、2021年に発行された「郵便制度150周年記念硬貨」です。

こちらもラグビーワールドカップ記念硬貨と同じく、発行されたのは「1万円金貨」と「1千円銀貨」の2種類になります。

日本の郵便制度は1871年に始まりました。2021年に150周年を迎え、それを記念して発行されたのが、この記念硬貨です。

金貨の表面には、日本初のポストである「書状集箱《しょじょうあつめばこ》」と郵便物搭載作業風景」、裏面には「旧東京中央郵便局入口」が描かれています（次頁図17・上）。素材は金で量目は15・6グラム、発行枚数は2万枚です。

一方で1千円銀貨は、表面には「郵便差出箱1号丸型と郵便物搭載作業風景」、裏面には「旧東京中央郵便局入口」が描かれています。素材は銀で量目は31・1グラム、発行枚数は5万枚です（次頁図17・下）。

これら記念硬貨も当時、造幣局の通信販売で販売されました。その価格は次の通りです。

・1万円金貨　14万5000円
・1千円銀貨　1万1700円

図17　郵便制度150周年記念硬貨（上は1万円金貨、下は1千円銀貨）

やはり、額面よりも高い価格で販売されていることがわかります。加えて、ラグビーワールドカップ記念硬貨と比べ、素材や量目は同じであるにもかかわらず価格が違います。具体的には、１万円金貨は郵便制度記念硬貨のほうが２・５万円高く、１千円銀貨は２２００円高くなっています。

この価格差のカラクリもあとで詳しくご紹介しますが、発行時点での素材自体の価格が販売価格に影響しています。

以上、日本で近年発行された記念硬貨をご紹介しました。価格は、額面通りではなく、素材の価値をベースに価格設定されていることが理解できたかと思います。

# 2-4 硬貨の素材としての種類

## ❖記念硬貨の素材は？

2－3では、記念硬貨の価格には素材の価値が影響することがわかりました。では、日本の記念硬貨には、どのような素材が使われているのでしょうか。その答えですが、「金貨」「銀貨」「白銅貨」「ニッケル黄銅貨」「銀合金貨」「クラッド硬貨」の6種類です。この6種類の中でも、ここで取り上げたいのは、銀貨とクラッド硬貨です。

銀貨とは、銀を主成分とした銀色に光る貨幣のことです。銀そのものはその美しさから古くから装飾品などに使われてきました。少し歴史を振り返ってみましょう。

日本で銀貨が流通するきっかけは、1527年に日本最大の銀山である「石見銀山《いわみぎんざん》」が本格的に開発され始めたことにあります。当時、日本最大の貿易港であった博多の豪商、神屋寿禎《かみやじゅてい》が石見銀山の本格的な開発を始めました。その後、江戸時代の丁銀や明治時代の

1円銀貨など、通常貨幣として銀貨が使用される状態が続きます（図18参照）。

しかし、1897年に貨幣に関する法律の改正があり、銀貨は主に記念硬貨としてのみ発行されるようになりました。そして現在に至ります。

さて、日本で発行されている記念銀貨ですが、大きく分けると「純銀」と「シルバー925」の2種類があります。

純銀とは、量目の99・9％以上が銀でつくられているものを指します。例えば、ラグビーワールドカップ記念1千円銀貨は量目31・1グラムですが、その99・9％以上が銀で構成されています。

一方、シルバー925とは量目の約92・5％が銀でつくられているものを指します。例えば、東京オリンピック記念1千円銀貨は量目20・0グラムですが、18・5グラムが銀、1・5グラムが銅で構成されています。

このように、一言で「銀貨」といっても2種類存在します。ただし、現在の日本における記念銀貨は前者の「純銀」で発行されるケースがほとんどです。

図18　明治時代の1円銀貨（新1円小型銀貨）

## ❖新５００円にも使われているクラッド硬貨

記念硬貨の中には、比較的新しい種類としてクラッド硬貨も存在します。

「クラッド硬貨」――聞き慣れない方も多いかもしれません。しかし、実は、私たちの身近な硬貨で使われているのです。その硬貨とは、２０２１年11月から発行され始めた新たな５００円硬貨です。

クラッド硬貨とは、異なる種類の金属をサンドイッチ状に挟み込む技術「クラッド技術」を用いた硬貨のことです。

さらに、クラッド硬貨を別の金属のリングにはめ合わせたものを「バイカラー・クラッド硬貨」と呼んでいます。この技術は偽造防止対策のひとつであり、日本の通常貨幣では新５００円硬貨で初めて用いられました。

お手元に新５００円硬貨がある方は、ぜひじっくり眺めてみてください。硬貨表面の内側と外側の色が微妙に異なっていますよね。これが「バイカラー・クラッド硬貨」である証拠です。

おまけの話ですが、新５００円硬貨の側面は不均等にギザギザが刻まれていることもわかります。これも偽造防止対策のひとつです。

話は戻りまして、記念硬貨でもクラッド硬貨が用いられています。

例えば、地方自治法施行60周年を記念し、２００８年から47都道府県ごとに発行され始めた「地方自治法施行60周年記念５００円硬貨」。これが日本初のバイカラー・クラッド硬貨になります。

最初に発行されたのが北海道です。硬貨の表面を見ると、新５００円硬貨と同様に内側と外側の色が微妙に異なっていることがわかります（図19参照）。白銅と銅をサンドイッチした上でニッケル黄銅のリングにはめ合わせているため、このような見た目なのです。

図19　地方自治法施行60周年記念（北海道分）500円バイカラー・クラッド貨幣

また、記念硬貨の中には、バイカラーではない純粋なクラッド硬貨も存在します。

例えば、2015年に発行された「新幹線鉄道開業50周年記念1百円硬貨」や、2020年に発行された「東京2020オリンピック記念1百円硬貨」などです。

このように、現在は、記念硬貨にクラッド技術やバイカラー技術が用いられることが増えています。そして、それらの主な目的は偽造防止。硬貨に偽造は付き物なのです。

## 2-5 金貨とはどんなもの？

さて、本書の主題でもある「金貨」をご紹介します。

金貨とは、金を主成分とした金色に光る貨幣のことです。金そのものに希少性があり、また、簡単には錆びたり腐食したりすることがないため、古くから貨幣の材料として使われてきました。

現在発行されている金貨はこれまでも数多くご紹介しましたので、ここでは少し特殊な金貨をご紹介します。その金貨とは、日本で最初につくられたとされる金貨（金銭）、「開《かい》基勝宝《きしょうほう》」です。

### ❖日本最古の金貨「開基勝宝」

ときは奈良時代の760年に遡ります。

当時、偽造された銭がはびこっていたことから、恵美押勝《えみのおしかつ》の命により、3種類の銭が発行されました。それが銅銭、銀銭、そして開基勝宝（金銭）になります。

図20 開基勝宝

出典元：国立文化財機構所蔵品統合検索システム

金貨の見た目は図20をご覧ください。円形の硬貨で、真ん中に四角い穴が開いているのがわかります。表面には4つの文字が刻まれていますが、これは金貨の名称を表す文字です。一方、裏面は特に何も描かれていません。

当時の価値としては、銅銭10枚に対し銀銭1枚、銀銭10枚に対し開基勝宝1枚（金銭1枚）だったとされます。

こう聞くと両替して私生活で使うようなイメージを持つかもしれません。しかし、当時の市場経済の発達具合を考えると、開基勝宝は市場に流通していなかったのではないかといわれています。その証拠に、現在見つかっている開基勝宝は

32枚のみ。流通していたのなら、もっと出土していてもおかしくないはずです。

では、どこで誰がこの金銭を使っていたのでしょうか。これはいまだにわかっていませんが、おそらく褒美などの目的で使われていたのではないかと推測されています。

これが日本最古の金貨「開基勝宝」であり、金が古くから重宝されていたことがわかる事例かと思います。

ちなみに、先で話した32枚は奈良市西大寺で見つかったそうです。32枚のうち、1枚は皇族が所持し、残りの31枚は重要文化財に指定され東京国立博物館に保管されています。

## ❖金貨の種類

続いて、金貨の種類をご紹介します。

「金貨」と一口にいっても、そのすべてが完全な金でつくられているわけではありません。例えば、第1章でご紹介したクルーガーランド金貨やブリタニア金貨などは、約91・7％の金で構成されています。買取業界では、この割合を「22金」や「K22」と表現して取引しています。

一方、日本の記念金貨は現在20種類以上存在しますが、そのすべてが「純金金貨」となっています。純金金貨とは、99・９％以上の金で構成された硬貨のことです。こちらも22金と同じく「24金」や「Ｋ24」と表現することが多いので、こちらの表現のほうがピンと来る方もいるかもしれません。

このように、金（金貨）は24を１００％として考える「24分率」という基準で構成されています。これが１０００を１００％として考える銀（銀貨）などとの違いであり、面白いところでしょう。

金で24分率が用いられるようになった理由はその歴史にあります。金はかなり古くからその価値を見いだされてきた貴金属ですが、その当時には「パーセント」という概念がありませんでした。一方で、「１日が24時間」という概念はあったため、24分率で表し始めたそうです。

## ❖金貨の価値はどう決まる？

これまでにご紹介した通り、金貨は素材（金）としての価値を持ち、金の含有率が高いほど価格が高くなります。

加えて、発行枚数が少ないほど「現存枚数」に対しての「欲しがる人数」が圧倒的に多くなります。つまり、発行枚数が少ないほど希少性が高くプレミアがつきやすいのです。これも価格が上がる要因になります。

以上から、硬貨には「素材価値」と「希少価値」の2つの面があるとわかります。そして、この2つの価値が額面以上の価格につながっているわけです。

とはいっても、2つの価値の価格感がピンと来ない方も多いでしょう。よって、2－6では「素材価値」を、2－7では「希少価値」をそれぞれ深掘りしていきます。

# 2-6 素材価値とは

素材としての価値が高く、高額になりやすいのは「金貨」と「銀貨」です。この２つの価格を見ていきましょう。

## ❖金貨の価値はどれぐらい？

金貨の素材となる「金」ですが、２０２３年10月時点で１グラム約９７００円の価格が付けられています。

この価格は、この世にある貴金属の中でもトップクラスの価格です。参考として、硬貨でよく使われる貴金属の価格をご紹介します。

例えば、日本の１円硬貨は１・０グラムのアルミニウムでできています。そしてアルミニウムは、２０２３年10月時点で１グラムたったの約０・３円です。続いて日本の10円硬貨ですが、４・５グラムのうちの95％が銅でできています。そして銅は、２０２３年10月時点で１グラムたったの約１・２円です。これらの素材と比べると、「金１グラム約

9700円」がいかに大きい額なのかわかるはずです。

この知識をもとに、ラグビーワールドカップ1万円金貨の金額を分析してみましょう。

この金貨の申込期間である2019年3月ごろ、金は1グラム約5000円でした。15・6グラムの純金でできている硬貨なので、素材としての価値は次の計算になります。

5000円×15・6グラム＝7万8000円

素材としては7・8万円の価値があるにもかかわらず、「1万円」という額面が設定されていることがわかります。

なかなか面白い話ですよね。お気づきかと思いますが、もし貨幣として使うなら、1万円として使うよりも、素材の価値へ換金してから使ったほうが断然お得です。

ちなみにこの金貨、当時の販売価格は12万円でした。販売価格のほうが約4・2万円（12万円－7万8000円）高いことがわかります。この差分は、素材を硬貨へ加工する手間や収集価値などから生まれたものとなります。

## ❖銀貨の価値はどれぐらい？

続いて、銀貨を見ていきましょう。

銀貨の素材は「銀」。２０２３年10月時点での価格は１グラム約１１４円です。金と銀は並んでいる印象がありますが、素材価値には雲泥の差があります。

さて、金貨のときと同じく、ラグビーワールドカップ１千円銀貨の金額を分析してみましょう。この銀貨の申込期間である２０１９年３月ごろ、銀は１グラム約61円でした。31・１グラムの純銀でできている硬貨ですので、素材としての価値は次の計算から約１８９７円とわかります。

61円×31・１グラム≒１８９７円

しかし、設定されている額面は「１千円」。やはり素材の価値のほうが高いですね。ということは、金貨のときと同様に素材の価値へ換金してから使ったほうがお得です。

ちなみに、この銀貨の当時の販売価格は９５００円でした。販売価格のほうが約

7603円（9500円－1897円）高いことがわかります。この差分も、素材を硬貨へ加工する手間や収集価値などから生まれたものとなります。

以上が金貨や銀貨の価格感です。特に素材が金である金貨は、額面よりもはるかに高い価値を持ちます。ゆえに、市場では高額で取引されているわけです。

# 2-7 希少価値とは

## ❖ 希少価値とは

硬貨が持つ「希少価値」の側面も金貨を語る上では外せない要素です。

希少価値をご説明するため、まずは「コレクション」に注目していきます。

私たちは普段「コレクション」という単語を何気なく使っていますが、その意味を問われると答えに困ってしまう方も少なからずいるかと思います。一般的に、コレクションとは、ある特定の分野に特化して物を集めることを指します。そして、実際に集める物はコレクターズアイテム、集める人のことをコレクター（収集家）と呼んでいます。

よくあるコレクションの例としては「切手」や「骨董品」。比較的高価なものですと「美術品」「刀剣」。ちょっと面白いものでは「古銭」「ゲームのカセット」などもあります。コレクション業界は面白いもので、コレクターの中には好きなモノを集め続けた末に、博物館までつくってしまう方もいます。驚きが隠せません。

では、コレクターにとって最も大事な要素とは何でしょうか。例えば切手で考えると、「目を引くデザインである」「未使用で状態が良い」などが思い浮かぶかもしれません。

しかし、実際のところは「残存数が少ない物（希少価値が高い物）」というのが一般的な答えでしょう。デザインがよくても、状態がよくても、その物が世の中にたくさん出回っていれば価値が高いとは言い難いですからね。逆に、世界に数個しかないような物、言い換えると希少価値の高い物は、その分野のコレクターが何としてでも手に入れようとします。ゆえに、高い値段で取引されているわけです。

これはもちろん金貨（硬貨）も同じです。硬貨の場合はまず始めに「発行枚数」や「残存枚数」を見て、コレクションとしての価値（希少価値）が高いかどうかを判断します。その後、状態の善し悪しなどを確認するといった具合です。だからこそ、本書では、硬貨をご紹介するたびに「枚数」に触れていたわけです。

以上が金貨（硬貨）における希少価値のご説明になります。しかし、これだけだと実際の価格のイメージがわかないと思いますので、2枚ほど具体例を見ていきましょう。

## ❖パンダ金貨の希少価値

図21　1/2オンスのパンダ金貨(1998年銘)

希少価値が高い資産向け金貨としてパンダ金貨をご紹介します。第1章で軽く触れましたが、特定の年銘・量目のものは発行枚数が限られているため、高い価値がつく場合があります。

具体的に、希少価値がつく可能性があるのは、発行年である1982年銘から1999年銘までのパンダ金貨になります。この中でも1982年銘や1995年銘、1998年銘は必ず発行枚数を確認するぐらいには要注意です。

実際の発行枚数をいくつか挙げると、1982年銘の1オンスが約1万3500枚、1995年銘の2分の1オンスが約1万1700枚、1998

年銘の10分の1オンスが約8500枚。特に1998年銘の2分の1オンス（前頁図21参照）が最も発行枚数が少ないといわれており、その数はたったの約4200枚。

近代金貨の場合は1万枚を切るぐらいで希少性が増すので、それだけ取引価格も高くなります。

せっかくなので、先で挙げたうちのひとつである1995年銘の2分の1オンス（約1万1700枚）の買取価格を見てみましょう。

2023年10月時点における金の価格は1グラム約9700円。パンダ金貨は純金金貨であり、2分の1オンスは15・6グラムですので、素材としての価値は次の計算で求められます。

9700円×15・6グラム＝15万1320円

約15・1万円だということがわかります。しかし、実際にこの金貨を買取店などに持っていくと、なんと110万円程度で買い取ってもらえる場合があります（希少価値を理解しているお店であれば、ですが）。

一時期よりも買取価格は下がっていますが、それでも素材の価値から見て、７・３倍の値段で買い取ってもらえるのです。希少価値の高さがよくわかるのではないでしょうか。

## ❖希少価値が非常に高い「ウナとライオン金貨」

しかし、パンダ金貨は近代金貨であり比較的入手しやすいため、近代金貨に限らずいえば希少価値はさほど高いほうではありません。

世の中には、希少価値があまりにも高すぎて、素材価値が実質ないような硬貨も存在します。その最たる例は「アンティークコイン」でしょう。

アンティークコインとは、１００年以上前に発行されたような古い硬貨のことを指します。古い硬貨で発行枚数が少ない場合は、残存枚数が限られてきます。よって、銘柄によっては入手が困難であるために、ぐっと取引価格が上がります。

アンティークコインの代表例として、イギリスで発行された、１８３９年銘のウナとライオン金貨（プルーフ金貨）をご紹介しましょう。コイン業界では非常に有名な金貨であり、そのデザインから世界一美しいと表現する方もいるほどです。

発行枚数は１８３９年銘のプルーフ金貨の場合、たったの４００枚です。先のパンダ金貨の話からすると、かなりの高額になりそうな予感がしますよね。

では、さっそくその価格を見てみましょう。この金貨の量目は39・94グラムで、このうち約91・7％が金からできています。2023年10月時点での金の価格は1グラム約9700円。これらの情報から、素材としての価値は次の計算になります。

9700円×39・94グラム×91・7％≒35万5262円

計算結果は約35・5万円。さて、この金貨はいくらで取引されているのでしょうか。

アンティークコインは特に状態によって価格が大きくブレるので、価格を断言することは難しいのですが、2021年8月の落札事例としてこんなものがありました。

「1839年銘　ウナとライオン金貨　PF66（世界最高鑑定品）約1億5840万円で落札」

なんと、素材としての価値が約35・5万円なのに対し、落札された価格は約446倍。素材価値はおまけ程度で、希少価値でここまでの金額が付けられていたのです。

あくまでこれはひとつの事例なので、アンティークコインのすべてがこうだというわけではありません。ただ、硬貨の世界では、希少価値が高すぎるがゆえに、素材価値に関係なく超高額で取引されている硬貨もあるのです。

これが硬貨における希少価値の影響力です。そして「金」ではなく「金貨」だからこそ、このロマンともいえる希少価値を持つということもご理解いただけたかと思います。

## 2-8 額面価格は法的に保証されている！

これまでのお話から、硬貨（金貨）には「素材価値」と「希少価値」の2つの面があることがわかりました。

そしてもちろん、純粋に「貨幣価値」もあります。例えば、「1万円」の額面を持つ記念硬貨は、日本国内でなら「1万円」として使うことができます。

ただし、この額面は誰に保証されているのか、疑問に思う方もいるはずです。そして、未来永劫保証されるのかも気になるところでしょう。

結論をいいますと、日本の記念硬貨に関しては、日本の通貨に関する法律でその価値が保証されています。つまり、保証しているのは日本という国です。

また、現代の日本の貨幣においては、法改正などにより特定の貨幣の額面が保証されなくなったという事例はありません。そのことから、「未来永劫保証される」とまでは言い切れないものの、そう簡単に保証されなくなることはないと考えられます。

国が保証してくれる――これほど安心できることはありません。この特長は、以降の章におけるカギのひとつですので、覚えておいてください。

さて、せっかくですので、ここでは日本の記念硬貨に関する法律の歴史を軽く振り返ってみましょう。

## ❖日本の記念硬貨の法律の歴史

最初に記念硬貨に関する法律ができたのが、１９６４年の東京オリンピックで1千円銀貨が発行されたときです。日本初の記念硬貨のときですね。

当時の法律では、１円、５円、10円、50円、１００円の５種類までが有効な貨幣として認められていました。よって、１０００円の硬貨を発行するには、新たに法律をつくる必要があったのです。そのため、１９６４年４月20日に「オリンピック東京大会記念のための千円の臨時補助貨幣の発行に関する法律」が制定され、これにより１０００円銀貨が発行されるに至りました。

次に新たに法律が制定されるのは、１９８６年の「天皇御在位60年記念10万円金貨」を発行したときです。このときも東京オリンピックのときと同じく、10万円の硬貨を発行するためにそれ専用の法律が制定されました。

ここまでを読んで、こう感じた方もいるでしょう――「記念硬貨を発行する度に法律を制定するのか?」と。こういった声が強まったことで、翌年の1987年に、当時の貨幣に関する法律が廃止されました。それと同時に、現在の貨幣に則したものとして「通貨の単位及び貨幣の発行等に関する法律」が制定されたのです。そして、2023年現在もこの法律が適用されています。

## ❖日本貨幣の特殊な額面は「5万円」と「10万円」

歴史を振り返ったところで、実際の法律を見てみましょう。

日本の記念硬貨は現在、「通貨の単位及び貨幣の発行等に関する法律」の第5条で定められています。そして、第5条で保証されているのは額面1万円以下の記念硬貨です。現在発行されている記念硬貨は、ほぼすべてが額面1万円以下なので、この法律でほぼ網羅されることになります。ところが、この法律では保証されない記念硬貨が3枚だけ存在するのです。

その記念硬貨とは、「皇太子殿下御成婚記念5万円金貨」「天皇陛下御在位60年記念10万円金貨」「天皇陛下御即位記念10万円金貨」の3枚です。

これらはいったいどこで価値が保証されているのかというと、発行時につくられた法律で保証されています。例えば、５万円の額面を持つ「皇太子殿下御成婚記念5万円金貨」。この金貨は、当時制定された「皇太子徳仁親王の婚姻を記念するための五万円の貨幣の発行に関する法律」で保証されています。このようなかたちで、ほか2枚も個別の法律で保証されているのです。

以上が日本の記念硬貨にまつわる法律のお話になりますが、「10万円金貨」の存在をここで初めて知った方も少なからずいるでしょう。

実はこの10万円金貨こそが本書で最も注目したい金貨なのです。

10万円金貨がどのようなものなのか、どれぐらいの価値があるのか、第3章で詳しく見ていきましょう。

コラム

# 日本の硬貨(貨幣)はどこでつくられている?

皆さんは、日本の硬貨(貨幣)がどこでつくられているのかをご存じでしょうか。

この答えですが、「独立行政法人造幣局」でつくられています。造幣局は、日本政府の指示を受け硬貨を製造しています。ここでいう硬貨とは、500円硬貨などの一般的な硬貨だけでなく記念硬貨も含まれます。

日本の造幣局で面白いのは、施設ごとに役割分担をしているところです。

2023年現在、造幣局の工場は大阪本局、広島支局、さいたま支局の3つ。このうち、まず広島支局にて、金属の溶解・圧延《あつえん》などをして、硬貨の材料となる金属の板、圧延板を製造。続いて大阪本局にて、圧延板の打ち抜き・圧縁・圧印などをして、硬貨が製造されます。そして、製造された硬貨は日本銀行へ送られるといった流れです。

では、残ったさいたま支局では何をしているのかというと、プルーフ貨幣をつくっています。プルーフ貨幣とは、コレクションなどの用途のために鏡のように磨いた貨幣のことですね。

「磨かれている」と聞くと職人が1枚1枚手作業で磨いているようなイメージを持つかもしれませんが、実際は機械を使っています。最初に円形（硬貨の形状をした金属）を研磨機にかけて磨いた後、模様をくっきり出すために2回以上圧印します。そして最後に人間の目で1枚ずつ品質を確認する、という流れです。

以上が各工場のお話です。このほか、造幣局では勲章をつくっていたり、日本開催となったオリンピックの金・銀・銅の各メダルをつくっていたりするそうです。

ちなみに、どの工場も見学可能であり、貨幣関連の博物館・展示室もありますので、興味があれば一度見学してみることをおすすめします。

第3章

# 金よりも価値がある「10万円金貨」の世界

# 3-1 資産に組み込むなら「10万円金貨」

## ❖10万円金貨が資産を守るための投資に最適な理由

第1章では、世界で発行されているメジャーな資産向け金貨を、第2章では、日本の記念硬貨を中心に硬貨の素材や価値の決まり方などをご紹介してきました。本章では、日本で記念硬貨として発行された「10万円金貨」に注目し、ご紹介していきます。

なぜ10万円金貨に着目するのかといえば、自己資産を守るための投資として10万円金貨が最適だと考えているからです。

例えば、ポートフォリオとして貴金属へ投資することを考えた場合、「銀（銀貨）」や「プラチナ」などを思い浮かべる方もいるかと思います。第4章でご紹介しますが、これらは工業や産業での用途が大きい割合を占めるため、それらに価格が左右されやすい性質を持ちます。よって、資産を守る用途として最適だとは言い難いでしょう。

では、高い資産防衛力で知られる「金」へ投資すればいいのかというと、そう簡単な話でもありません。なぜなら、金価格が暴落する可能性がないとは言い切れないからです。たしかに、現在の金価格は長い目で見ると少しずつ上昇しています。しかし、未来のできごとを完全に予測するのは不可能です。

例えば、金を人工的に効率よく生成する技術の誕生や、ほかの貴金属に投資需要が発生するなどがあれば、瞬く間に金価格が暴落する可能性も捨てきれません。そして暴落した状況が続けば、「資産防衛といえば金」という価値観が変わる可能性だってあるでしょう。

## ❖ルビーの価格が暴落

過去に同じようなことが、ルビーで起こりました。ルビーは、古くから鉱山で発掘されてきた宝石のひとつです。需要もあり高値で取引されていましたが、１９０４年に大事件が起こりました。人類が初めて、ルビーの人工生成に成功したのです。

人工的につくられたルビーは、天然物のつくられ方を人工的に再現したものであることから、肉眼で天然か人工かを判別するのが困難でした。加えて、当時は鑑定技術が未成熟だったこともあり、天然ルビーの価格は暴落。天然ルビーの採掘を生業としていた企業が採掘をやめてしまったほどです。それからほどなくして天然物の価格は上がっていきましたが、現在も生成手法によっては判別が困難だとされています。

これはあくまでルビーの話ですが、金も将来安泰だとは言い切れません。

しかし、同じ「金」でも日本の記念金貨である「10万円金貨」なら、世界でもトップクラスの額面価値を持っているがゆえに**金価格の暴落リスクを極力抑えることができます。**つまり、10万円金貨は金よりも高い資産防衛力を持っているといえるのです。これが本書で最もお伝えしたい内容であり、本章から詳しくご説明していく話になります。

# 3-2 日本で最も額面が高い「10万円金貨」

## ❖日本で発行された２種類の10万円金貨

日本の貨幣で最も大きな額面はいくらか、ご存じでしょうか。

日常生活で使う通貨を考えると、硬貨だけなら「５００円」、紙幣も含めるなら「１万円」ですね。しかし、この答えは「10万円」です。

すでにご紹介した通り、日本には10万円の額面を持つ記念硬貨が存在します。それが次の２枚です。

・天皇陛下御在位60年記念10万円金貨
・天皇陛下御即位記念10万円金貨

そして、この２枚こそが、資産を守る用途として最適な金貨（金価格が暴落するリスクを極力抑えられる金貨）なのです。では、この2枚はいったいどのような記念金貨なのか、さっそくご紹介していきます。

## ❖天皇陛下御在位60年記念10万円金貨

この金貨は、昭和天皇（裕仁様《ひろひと》）の在位60年を記念して発行された日本初の記念金貨です。１９８６年と１９８７年の２回に分けて発行されました。

法律としては、「天皇陛下御在位六十年記念のための十万円及び一万円の臨時補助貨幣の発行に関する法律」で定められたものになります。以降、本書では「ご在位60年記念金貨」と省略させていただきます。

金貨の表面には「鳩と水」、裏面には「菊花紋章《きくかもんしょう》」が描かれています（図22参照）。鳩は平和を、水は日本の自然や稲作文化を表しているそうです。

素材は純金で量目は20・０グラム、直径は30・０ミリメートル、発行枚数は１１００万枚。素材の価値を考えるだけでも、高額になりそうな予感がしますね。

しかし、なぜ記念硬貨に「金貨」が採用されたのでしょうか。その理由はいくつかある

図22 プラスチックケース入りの天皇陛下御在位60年記念10万円金貨幣

のですが、大きい理由としてアメリカとの貿易摩擦があります。

ときは第二次世界大戦後の１９５０年ごろまで遡ります。当時の日本は、徐々に国際競争力を回復していたことから、アメリカへの輸出が増えていました。その輸出が、アメリカの経済に打撃を与えたのです。その打撃とは、日本から値段の安い製品が入ってくるため、アメリカでは値段の高い自国の製品が売れなくなるといったものです。いわゆる貿易摩擦ですね。

貿易摩擦を解決したかったアメリカは、日本に対して輸出の自主規制を求めるなど、さまざまな対策を始めます。ご在位60年記念金貨を発行した当時は、ちょうどその状況下にありました。そのため、記念硬貨を金貨にして、日本はアメリカから大量の金を買うことになったのです。これが、記念硬貨に金貨が採用された理由です。

ちなみに、当時日本がアメリカから購入した金は223トンにのぼりました。現在の金の価格だと、とんでもない金額になりますね。当時はまだ金が安かったので、大量に購入できました。

## ❖天皇陛下御即位記念10万円金貨

2枚目の10万円金貨は、1990年に明仁《あきひと》様の天皇ご即位を記念して発行されたものです。法律としては、「天皇陛下御即位記念のための十万円の貨幣の発行に関する法律」で定められたものです。以降、本書では「ご即位記念金貨」と省略させていただきます。

金貨の表面には「鳳凰と瑞雲」、裏面には「菊の御紋《ごもん》と桐《きり》と唐草《からくさ》」が描かれています（図23参照）。鳳凰には健康長寿の意味合いがあり、それにめでたいときにかかる雲、瑞雲が組み合わされています。天皇や国民の健康、天皇弥栄《すめらぎいやさか》（「天皇がますます栄えますよう

図23　ブリスターパック入りの天皇陛下御即位記念10万円金貨幣

に」の意）の気持ちが込められているのでしょう。

素材は純金で量目は30・0グラム、直径は33・0ミリメートル、発行枚数は200万枚です。ご在位60年記念金貨と比べると10グラム重いことがわかります。

実はこの金貨、1枚目のご在位60年記念金貨と大きく違う点があります。それは、当時、造幣局専用のブリスターパックに収められたかたちで販売された点です。

ブリスターパックとは、一言でいえば透明のパッケージのことです。錠剤（お薬）を思い浮かべてみてください。銀の台紙に対し、錠剤が1錠ずつ凸型の透明なケースに包まれていますよね。あれはブリスターパックの一種で、製品がはっきり見えるのが特徴です。

実際の造幣局専用のブリスターパックは前頁図23をご覧ください。金貨と一緒に入っているのは証紙で、各金貨に割り振られたシリアル番号が記載されています（図23ではシリアル番号にモザイクを入れています）。

このブリスターパックに封入すると、多くのメリットがあります。まず、ブリスターパックのおかげで金貨を摩耗や衝撃から守ることができます。加えて、証紙を一緒に封入することやホログラムの透かしを入れることで、偽造防止対策にもなります。

さらに、もう勘の鋭い方はお気づきかもしれません——このブリスターパック、一度剥がすと二度と元通りにできません。つまり、造幣局専用のブリスターパックに封入されたままのご即位記念金貨は、99％本物だと保証されているのです。

金貨は偽物がよく出回りますので、素人でも本物かどうか判断しやすいことは非常に大きなメリットになります。

実際、わざわざ専用のブリスターパックをつくった理由は、ご在位60年記念金貨のときに起こった「金貨偽造事件」にありました。

# 3-3 金貨偽造事件とは

## ❖ご在位60年記念金貨は偽造された過去がある！

国が偽造をそこまで警戒した理由は、ご在位60年記念金貨が偽造されてしまったことにあります。なぜ偽造されてしまったのか。簡単に当時を振り返ってみます。

１９８６年当時、ご在位60年記念金貨は、そのあまりの人気ぶりから抽選券が発行されるほどでした。その抽選券には金融機関や郵便局の名称が記載されており、記載された場所で金貨と両替する形式が取られました。両替できた金貨は、１１９頁の図22のようにプラスチックケースに入っていました。ケースは本物と偽物を区別するための対策でしたが、ご即位記念金貨のブリスターパックに比べると簡易的なものです。そのため、10万枚ほど偽造品が出回ってしまったのです。

偽造品の存在が発覚したのは１９９０年。とある商人がスイスから輸入した本金貨１０００枚を銀行に預けたことがきっかけです。預けられた金貨は、銀行員によりチェックされましたが、その際に金貨の包装に違和感があったそうです。そのため、日本銀行と科捜研が調査したところ、１０００枚すべてが偽造品であると発覚しました。

この事件は、当時かなり話題になりました。

のちの調査によりわかったことは3点。偽造品は2年前から日本に流入していたこと、合計10万７９４６枚も偽造されていたこと、そのうち8万５６４７枚が日本銀行にあったことです。最終的な被害額は約１０８億円といわれています。この被害額から、偽造品が出回ることの怖さがよくわかります。

## ❖なぜ、偽造に気づけなかったのか？

それにしても、なぜ、早い段階から偽造品の存在に気づけなかったのでしょうか。

その理由は、ご在位60年記念金貨が純金製だったことにあります。純金の物は偽装しやすく、さらに一目では本物かどうかを見分けるのが難しいのです。

よくある偽造方法のひとつとして「タングステン」を使う方法があります。タングステンは金と比重が似ている金属です。タングステンを素材に製品をつくり、表面にだけ金を施せば、見た目も重さも本物と似ている偽造品がつくれてしまいます。こういった偽造技術もあり、そう簡単には偽造品に気づけなかったわけです。

さらに当時、海外でこの金貨を購入した方が為替レートを利用して売りに出していました。そのため、日本にこの金貨が返ってくることは珍しくなく、不審に思われていなかったふしがあります。

この事件をきっかけに、記念金貨の偽造品が出回らないように偽造対策が強化されました。それが、ご即位記念金貨のブリスターパックというわけです。この偽造対策のおかげもあり、ご即位記念金貨に関しては偽造品が出回っているという情報はいまだありません。世界では金貨の偽造品は数多く存在しますから、偽造品が出回っていないことは珍しく、すごいことなのです。また、偽造品が出回っていないことから、買取市場においてもご即位記念金貨は信頼できる金貨として扱われています。

ちなみに、この金貨偽造事件には国際的な偽造グループが介在していた可能性が高いといわれていますが、残念ながらグループの特定には至っていないそうです。

# 3-4 通常の資産向け金貨とどこが違う?

## ❖ポイントは額面価値の違い

10万円金貨のご紹介が終わったところで、資産向け金貨ではなく10万円金貨を選ぶべき理由に迫りましょう。それは、「額面価値」に答えがあります。

実は、第1章でご紹介したような資産向け金貨は、素材価値と比べるとおまけ程度にしか額面が設定されていません。一方で、10万円金貨は素材価値に引けを取らない「10万円」という額面が設定されています。この高い額面が、セーフティーネットとして機能するのです。だからこそ、資産向け金貨ではなく10万円金貨を選ぶことをおすすめしています。

次からは、額面価値の有無がどれほどの差を生むのかを具体的にイメージできるように、資産向け金貨を2種類ピックアップして、その額面価値を見ていきます。

## ❖メイプルリーフ金貨の額面価値

１つ目は、メイプルリーフ金貨です。この金貨には１カナダドル、５カナダドル、10カナダドル、20カナダドル、50カナダドルの５種類の額面があります。このうち、最も高いのは１オンス（≒31・１グラム）の純金からつくられた50カナダドルです。

素材価値（金のグラム数）は、30グラムのご即位記念金貨とおおよそ同じです。

では、額面としての価値はどうでしょうか。ご即位記念金貨は、何度もご紹介している通り10万円の価値があります。一方、50カナダドルのメイプルリーフ金貨は、日本円に換算すると５５００円程度（２０２３年10月時点）です。

その差はなんと約18倍。この比較だけでも、資産向け金貨にはおまけ程度にしか額面が設定されていないことがよくわかりますね。

続いて、この額面価格を１グラム単位でも見てみましょう。金31・１グラムで額面価値は５５００円なので、次の計算から１グラム約１７７円とわかります。

５５００円÷31・１グラム≒１７７円

これは、金1グラムが177円以下になれば、額面価値のほうが高くなるという見方もできます。ただ、現在の金価格が1グラム9000円台であることを考えると、額面価値のほうが高くなる未来は考えにくいでしょう。

## ❖ウィーン金貨ハーモニーの額面価値

2つ目は、ウィーン金貨ハーモニーです。この金貨も基本的には4ユーロ、10ユーロ、25ユーロ、50ユーロ、100ユーロの5種類の額面があります。このうち、最も高いのは1オンス（≒31・1グラム）の純金からつくられた100ユーロです。こちらも素材価値（金のグラム数）は、30グラムのご即位記念金貨とおおよそ同じです。

では、額面としての価値はどうでしょうか。ご即位記念金貨は10万円の価値があります。一方、100ユーロのウィーン金貨は、日本円に換算すると1万5700円程度（2023年10月時点）です。メイプルリーフ金貨よりやや高額であるものの、それでもご即位記念金貨と比べても約6・4倍もの差があります。

続いて、この額面価格を1グラム単位で見てみます。金31・1グラムで1万5700円なので、次の計算から1グラム約505円だとわかります。

1万5700円 ÷ 31・1グラム ≒ 505円

これは、金1グラムが505円以下になれば額面価値のほうが高くなるという見方もできます。しかしこちらもメイプルリーフ金貨と同様に、現在の金価格が1グラム9000円台であることを考えると、額面価値のほうが高くなる未来は考えにくいでしょう。

そのほかに、1-5でご紹介したブリタニア金貨の5オンス（額面500ポンド）を比べるとさらに面白いことがわかります。

この金貨は約155・5グラム（＝31・1グラム × 5オンス）の金からつくられています。それに対し額面価値は、2023年10月時点で約9万1100円です。ということは、この金貨はご即位記念金貨と比べ5倍以上の金が使われているのにもかかわらず、10万円よりもやや低い額面が設定されていることになります。

この比較からも、ご即位記念金貨が非常に高い額面価値を持つことがよくわかります。

## ❖なぜ10万円金貨は額面価値が高い？

資産向け金貨2種類を見てきましたが、どちらも額面価値が低く設定されていました。これは世界各国が発行しているほかの資産向け金貨も同じです。

ではなぜ、10万円金貨の額面は高く設定されているのでしょうか。

その理由は、金貨の扱いが違うことにあります。資産向け金貨は言葉の通り、投資を主目的として発行されています。つまり、素材価値として扱うものとなっています。

一方で、日本で発行された10万円金貨は、ここが違います。

ご在位60年記念金貨は発行当時、金価格が1グラム２１００円ほどだったため、素材価値は約４・２万円（２１００円×20グラム）でした。また、ご即位記念金貨も発行当時、金価格は1グラム１９８０円ほどだったため、素材価値は約５・９万円（１９８０円×30グラム）でした。しかし、販売された価格は額面である10万円です。つまり、当時は額面通りの価値として扱っていたのです。こういった金貨を「通貨型金貨」と呼びますが、これは世界的に見てもレアなケースでした。この扱いの違いが、額面価値の差につながっているわけです。

ご在位60年記念金貨のほうは、２０１９年の夏ごろになってようやく、素材価値が額面価値を安定して超えるようになりました。逆に言えば、それ以前は額面価値のほうが高い状態が続いていたのです。

こういった背景を知ると、10万円金貨がセーフティーネットとして機能する珍しい金貨であることがよくわかると思います。ちなみに、このあたりのお話は「おわりに」でも取り上げていますので、ぜひそちらもご覧ください。

## 3-5 10万円金貨は現在いくらで取引されている?

### ❖ご在位60年記念金貨の取引価格

金貨には「素材価値(金の価値)」と「希少価値」があり、これらの価値により価格が決まるとご説明しました。では、10万円金貨の現在の価値はどれくらいなのでしょうか。実際の取引価格(買取価格)を見ていく前に補足しておくと、現在10万円金貨は発行されていないため、ネットオークションや買取店を中心に取引されています。

ここからは、それら2つの流通経路での取引価格を見ていきます。

ご在位60年記念金貨の素材価値は2023年6月時点で約19・2万円(=9600円×20グラム)になります。これを念頭に取引価格を見てみましょう。

まず、ネットオークションから。2023年6月付近では、良い状態のプラスチックケース入りのもので、18・2〜19万円で取引されている形跡がありました。素材価値で見ると最大で1万円ほど安い価格で取引されていることがわかります。

続いて、硬貨を買い取っているお店では、２０２３年6月時点の参考買取価格として18万円前後が提示されていました。しかし実際のところは、その当日の金価格から7～10％ほどの手数料を引いた額で買い取られます。

以上から、通常のご在位60年記念金貨は、素材価値よりも若干安い値段で取引されていることがわかります。２０２３年6月が例外なわけではなく、それ以前も素材価値よりも少し安い値段で取引されていた過去があります。つまり、通常のご在位60年記念金貨は現在、素材価値がほとんどそのまま価格に直結しており、希少価値はほぼないといえます。

買取業界を知らない方からすると、買取店が若干安い値段で買い取ることを不思議に思うかもしれません。買い取る側からすると、素材価値そのままの値段で買い取っては利益が出ませんから、素材価値よりも安く買い取っているのです。

補足しておくと、素材価値と同等かそれ以上で取引されているものもあります。それはご在位60年記念金貨のプルーフ金貨です。第1章でもご紹介した通り、プルーフ金貨は収集目的で発行された金貨で、表面がぴかぴかに磨き上げられています。そのため、プルーフ金貨としての価値が上乗せされた価格で取引されています。

## ❖ご即位記念金貨の取引価格

ご即位記念金貨の素材価値は２０２３年6月時点で約28・8万円（９６００円×30グラム）です。ご在位60年記念金貨よりも10グラム多いため、それだけ価値も高くなります。これを念頭に取引価格を見てみましょう。

まず、ネットオークションから。２０２３年6月付近では、良い状態のブリスターパック入りのもので、28・5～30万円で取引されている形跡がありました。素材としての価値とほぼ同等か少し高い価格で取引されていることがわかります。

ご在位60年記念金貨とは違い、素材価値と同等の価格で取引されているのは、なぜでしょうか。その最大の答えはおそらく「本物である保証」にあるでしょう。

ご即位記念金貨のブリスターパックには偽造対策が施されており、未開封であれば99%本物であると判断できます。この確たる保証に加え、デザイン性の高さなどが評価され、この価格につながっていると考えられます。

続いて、硬貨を買い取っているお店を見てみます。２０２３年6月時点の参考買取価格として27・３万円前後が提示されていました。しかし実際のところは、その当日の金価格から７～10％ほどの手数料を引いた額で買い取られます。

そして、この金貨もご在位60年記念金貨と同様で、「ネットオークションは素材価値とほぼ同等の価格、買取店は素材価値から７～10％引いた価格」という傾向は、過去も同じでした。

以上から、多少の金額のブレはありますが、現在では通常のご即位記念金貨も素材価値がほとんどそのまま価格に直結しており、希少価値はほぼないといえます。

ただ、プルーフ金貨の場合はご在位60年記念金貨と同じく、上乗せされた価格で取引されています。

ここまでで、10万円金貨はどちらも素材の価値をベースに価格が決まっているとわかりました。よって、素材に使われている金の価格を追えば、10万円金貨の価値も予想できるということになります。

# 3-6 金の価格を見てみよう

## ❖金はゆるやかに値上がりしている

さて、ここからは10万円金貨の素材である「金」の価格に迫っていきます。

これまでの話の中で「〇〇年の時点で金は1グラム〇〇〇〇円」というような表現を何度もしてきました。すでにお気づきかと思いますが、金や銀といった貴金属の値段は日によって変わります。そして、長い目で見ると、2023年現在は金は少しずつ値上がりしている状況です。

では、どれだけ値上がりしたのでしょうか。具体的な金の価格を見ていく前に、大まかな値上がり感をご紹介しましょう。

一例として、金20グラムでできている「ご在位60年記念金貨」の素材価値を見てみます。この金貨は1986年と1987年に発行され、当時の金の価格は、1グラム2100円程度。20グラムで計算すると4・2万円ほどの価格なので、額面価値（10万円）のほうが倍以上高いことがわかります。そのことから、国は10万円で販売しても赤字にならなかったわけです。

その後、金の価格は値下がりと値上がりを繰り返しますが、2000年ごろになると少しずつ上がり傾向になります。2012年ごろから今度は下がり傾向になりますが、2015年ごろから立て直して上昇。そして、2019年の夏ごろについに1グラム5000円を安定して超えるようになりました。20グラムで計算すると10万円ほどの価格なので、このころから素材価値が額面価値を超えたことになります。この流れのまま、現在も金の価格は少しずつ値上がりしている状況です。

発行当初、素材価値が額面の半分以下だったご在位60年記念金貨が、今では額面を超える素材価値を持っている――こう考えると、どれだけ金の価格が上がったのかが実感できるかと思います。

さて、本筋に戻って、まずはその日の金の価格の見方をご紹介しましょう。

## ❖金の価格はどこで見る？

金の価格は、主に貴金属を取引している企業のウェブサイトで確認できます。各企業は独自に算出したその日の金の価格をサイト上で公表しており、その価格をベースに顧客と売買しています。

実際に掲載されているのは「買取価格」と「販売価格」の2つです。

買取価格とは、お店が顧客から金を買うときの1グラムあたりの価格です。この価格がすなわち金自体の価格であり、業界では「K24インゴット価格」と呼ぶこともあります。

一方、販売価格とは、お店が顧客へ金を売るときの1グラムあたりの価格です。ほとんどの企業が買取価格から1％ほど上乗せした価格を設定しています。貴金属の取引も商売ですから、金をインゴット価格で顧客へ売ってしまっては利益になりません。そのため、多少上乗せして販売しているわけです。

このようなかたちで日々、金の価格は更新されています。そして、金に投資している方々はこの情報を見て売買します。

## ❖金の価格を見るときの2つの罠

以上の話から、日々の金の価格を集積すれば、金の価格の歴史を知ることができそうです。しかし、実はここには罠が2つあるのです。

まず1つ目の罠は、金の取引にも消費税がかかることです。2023年10月現在でいえば10％です。今までご紹介してきた金の価格は基本的には税込での価格になります。もし過去の金の価格と比べたいのなら、税抜で比較するほうがより正確であるといえます。

続いて2つ目の罠は、米ドル対日本円の為替レートの影響を受けていることです。実は、日本の各企業が公表している金の価格（日本円）は、「ロコ・ロンドン・スポット価格」をもとに変換された価格になります。

このロコ・ロンドン・スポット価格とは、1オンス（≒31・1グラム）あたりの米ドル価格を指します。「ドル建て金価格」という表現だとピンと来る方もいるかもしれません。

この米ドル価格が世界基準となっており、日本ではこの価格を日本円かつグラム単価へ変換した価格で取引されています。もちろん、変換するときには為替レートが絡むので、その影響を受けてしまっているわけです。
よって、より正確に金の価格の歴史を見ようとするなら、ドル建て金価格を見るべきだと考えています。

図24 ドル建て金価格の推移

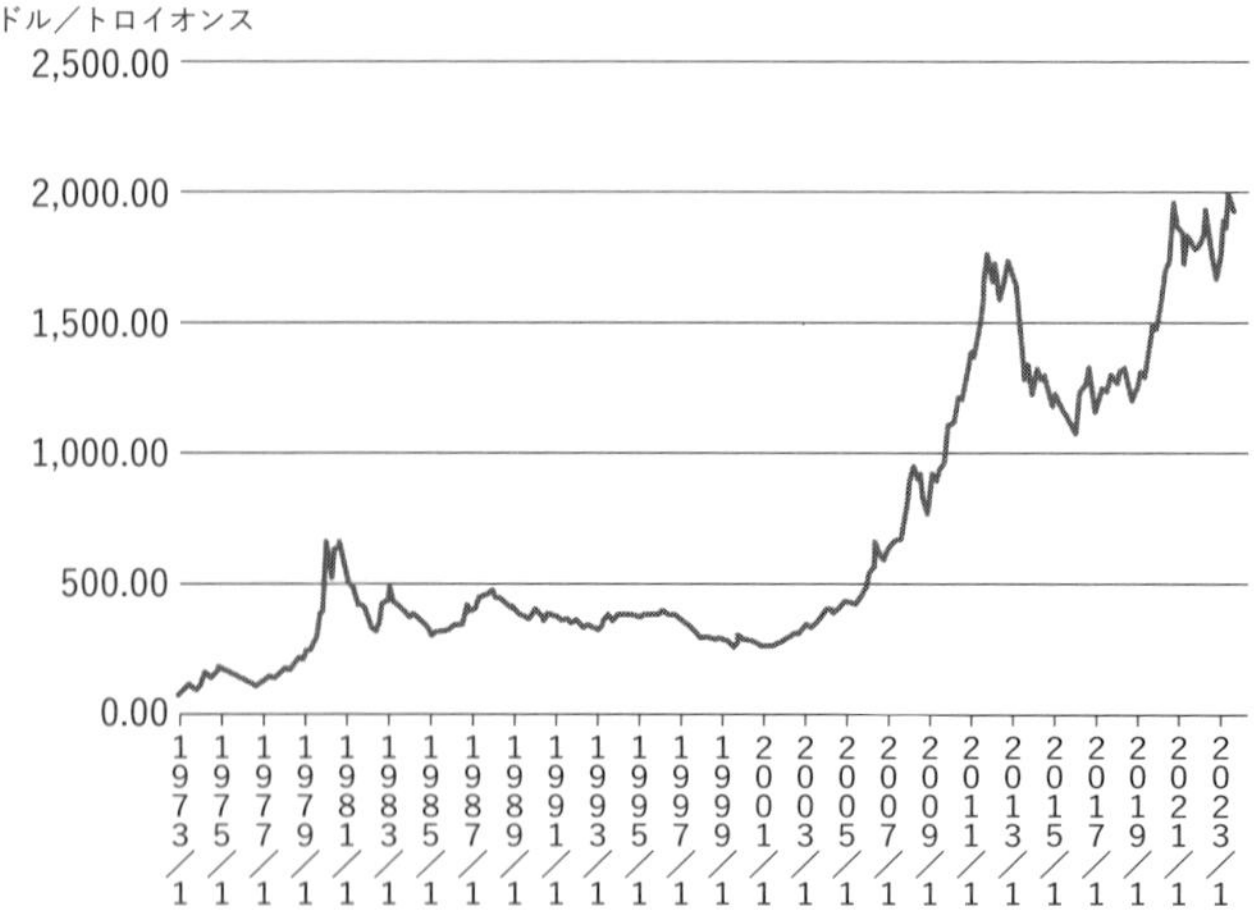


出典元:田中貴金属工業株式会社「金価格 推移」のデータをもとに作成

## ❖金の価格推移の概要

そういうわけで、月平均のドル建て金価格の推移を見てみましょう（図24参照）。ひと目見るだけでも、なかなかに面白いグラフになっていることがわかるのではないでしょうか。

1978年から1980年代にかけては急激に価格が上昇していますが、その後は少しずつ下落し、2000年付近で最低額になっています。２０００年付近からは再度価格が上昇し始め、２０１２年ごろに一度ピークを迎えます。その後、２０１５年ごろまでに再び価格が下がり、以降はまた少しずつ右肩上がりになっている状況です。

ちなみに、日本円で見たときの過去最低額は、１９９８年に記録した「１グラム８６５円」でした。このときに大量に金を買っていたとしたら、現在どれだけの資産になっていたのでしょうね。

# 3-7 なぜ金の価格は変動する？

## ❖世界情勢の影響で金の価格は変動する

先のドル建て金価格の推移グラフ（１４０頁図24）を見て、「何に影響されて価格が変動しているのだろう？」と思った方もいるかもしれません。

金の価格は、主に世界情勢の影響で変動しています。では、具体的にどのような世界情勢の変化があったのか、変動が大きかった年をいくつか見てみましょう。

最初に取り上げるのは、１９７８年から１９８０年にかけてです。

この期間の上昇幅は、１９７７年１月の月平均が1オンス１３２・29ドルだったところから、その3年後の１９８０年1月には1オンス６７５・04ドルになりました。約５・１倍も上昇しています。

この期間で発生した世界的なできごととしては次の通りです。

・１９７８年　イラン革命開始
・１９７８年　ベトナム・カンボジア国境紛争開始
・１９７９年　第二次オイルショック
・１９７９年　アメリカ大使館人質事件
・１９７９年　ソ連軍がアフガニスタンへ侵攻開始（アフガニスタン紛争）

こういったできごとの影響で金価格が一気に上昇したわけですが、これらの共通点は何でしょうか。

そう、すべてネガティブなできごとなのです。実は、世界でネガティブなできごとが起こると、金価格は上昇しやすい傾向にあります。

その仕組みは次の通りです。戦争や金融危機、大企業の経営破綻、流行り病などのできごとが世界規模で起こると、資産家は実体を持たない資産（株式など）や現金に不安を抱きます。その資産が最悪、無価値になる恐れがあるからです。そして、それ自体に高い価値がある実物資産「金」を求めるようになり、その需要増加から価格も上がります。このことから、「有事の金」と呼ばれることもあります。

以上が価格上昇の仕組みで、価格上昇している年は今ご紹介した1980年ごろに限らず、すべて似たような仕組みで価格が上昇しています。

## ❖金の価格が下がる理由は？

今の話を踏まえると、金の価格が下がる理由もわかるでしょう。世界規模のネガティブなできごとがほとんど起こらない場合、金の価格は下落しやすい傾向にあります。

ネガティブなできごとが少なければ、国が丸ごと消えて自分の資産もなくなった、なんてことはめったに起こりません。なので、多くの資産家は、ハイリターンな投資先へ資金を投じ、自分の資産を増やそうとします。逆に、リターンの期待できない「金」への投資は、需要がほとんどありません。その結果、金の価格は下がります。


金の価格が下がっている年を見てみましょう。

1995年ごろから2000年ごろにかけて、金価格はやや下がり傾向です。具体的には、1995年1月の月平均は1オンス378・65ドル、その5年後の2000年1月の月平均は1オンス284・45ドルとなります。さすがに「この期間、世界では何も起こらなかった」というわけではありませんが、金価格を大きく揺るがすほどのネガティブなできごとはなかったと読み取ることができます。

逆に、なぜ2000年ごろから金の価格が上がったかというと、「1999年9月のワシントン合意にて、ヨーロッパ各国の中央銀行が金売却を制限したこと」「2000年からアメリカを中心にインターネット・バブルが崩壊し始めたこと」「2001年9月にアメリカ同時多発テロ事件が起こったこと」が主な要因として挙げられます。

価格としては、2001年1月時点で1オンス265・71ドルだったのが、2005年1月時点で約1・6倍の1オンス424・06ドルにまでなっています。

その後、2006年ごろからもぐんぐんと価格が上がっていますが、これは2007年ごろに起こった、サブプライムローン問題の影響です。のちに世界金融危機のひとつであるリーマンショック（2008年9月）につながった問題なので、皆さんもご存じでしょう。

その上昇幅ですが、2006年1月の月平均が1オンス549・65ドルだったのが、

2008年3月（ピーク時）には約1・8倍の1オンス969・75ドルになっています。為替レートの影響を受けている日本円の場合でも、この期間は1グラム2150円程度だったのが1グラム3280円程度へと推移していました。たった金1グラムで1000円も違うという事実から、リーマンショックのようなできごとがどれだけ金価格に影響するのかを実感できますね。

このように金価格は、世界情勢の影響を受けて変動します。ただし、誤解のないように述べておくと、金価格はひとつの要因で決まるものではありません。「○○というできごとが起こったから金の価格が上がる」といったものではないという意味です。

例えば、2022年は「新型コロナウイルス流行」「ロシア・ウクライナ戦争」などのできごとが同時に進行していました。これらが複雑に絡み合って金の需要が上がり、それが価格というかたちで表れています。

# 3-8 現在の金の価格とその要因

## ❖ 2018年から金価格は上昇傾向

では、もっと近年の金価格に注目してみましょう。

140頁の図24からもわかる通り、金価格は2018年末から一気に上昇しました。具体的には、2018年9月の月平均が1オンス1198・47ドルだったのに対し、ピーク時の2020年8月は1オンス1968・57ドルにまで上昇しています。日本円だと1グラム4480円程度から1グラム7100円程度への上昇です。

そこから少しの間落ち着きますが、2023年に入り再び上昇傾向に。円安が進んだことも相まって、2023年3月に金価格初の1グラム9000円超え、同年6月に1グラム9500円超え、そして同年9月には1グラム1万円超えを達成しています。

しかし、なぜ2018年末から金価格が上昇したのでしょうか。大きい要因として「米利下げムードが強まったこと」と「新型コロナウイルス流行」の2つがあると考えられます。

## ❖米利下げムードと新型コロナウイルス流行

要因の1つ目は「米利下げムードが強まったこと」です。

前提として、各国では、その国の中央銀行が銀行へ利息（金利）を付けてお金を貸しています。そして、金利を上げ下げすることで、国内の景気を調整しているのです。そのうち金利を下げることを「利下げ」といい、一般的に景気が悪いときに実施されます。

では、なぜ景気が悪いときに金利を下げる傾向にあるのかというと、中央銀行から銀行へお金を貸しやすくするためです。銀行の立場で考えると、中央銀行からの借り入れが低金利であれば、お金を借りやすくなります。そして今度は、銀行が企業や人々へ低金利でお金を貸しやすくなり、その結果、設備投資や個人消費などが増え、景気がよくなるという流れです。

ただ、あくまで概念ですので、必ず景気が上向きになるわけではありません。

これが「利下げ」であり、米利下げとは、アメリカの中央銀行が、アメリカ国内の景気を回復させるために金利を下げることを指します。

景気を回復させるということは、つまりインフレが進む可能性があるということ。インフレが進めば、物の価値が上がる（現金などの価値が下がる）ので、物である「金」を資産として持とうとする人が増えるわけです。その結果が、金価格に影響しました。

続いて、要因の２つ目は「新型コロナウイルス流行」です。

２０１９年末に感染者の報告があって以降、２０２０年春ごろから世界的に流行り始め、得体の知れない病原体に対する不安が生まれたり、これまでとは違った生活様式を強いられたりと大きな影響がありました。

すでにご紹介した通り、人々が不安になるほどのネガティブなできごとは金価格が上昇する予兆です。予兆は外れることなく、金の価格は瞬く間に上昇しました。

## ❖２要因はどれだけ金の価格に影響した？

以上２つが２０１８年末から金価格が上昇した大きい要因だと考えられます。

さて、ここで皆さんに質問です。この２要因がもたらした金への影響は、どれほどだっ

図25　金の需要量

| 需要＼年 | 2012 | 2013 | 2014 | 2015 | 2016 | 2017 | 2018 | 2019 | 2020 | 2021 |
|---|---|---|---|---|---|---|---|---|---|---|
| 宝飾品加工 | 2,140.90 | 2,735.30 | 2,544.40 | 2,479.20 | 2,018.80 | 2,257.50 | 2,290.00 | 2,152.10 | 1,324.40 | 2,229.50 |
| テクノロジー | 382.3 | 355.8 | 348.4 | 331.7 | 323 | 332.6 | 334.8 | 326 | 302.8 | 330.2 |
| 投資 | 1,591.40 | 793.2 | 932.2 | 978 | 1,654.70 | 1,309.60 | 1,173.30 | 1,274.90 | 1,769.20 | 1,007.40 |
| 金需要 | 4,683.80 | 4,513.70 | 4,426.10 | 4,368.50 | 4,391.30 | 4,278.20 | 4,454.40 | 4,358.30 | 3,651.20 | 4,020.80 |

出典元：Metals Focus, Refinitiv GFMS, ICE Benchmark Administration,
ワールド・ゴールド・カウンシル（7月更新版）をもとに作成

たと思いますか。

金価格のグラフを見てお気づきかと思いますが、歴史的に見てもトップクラスの影響がありました。金の権威的組織でもある「ワールド・ゴールド・カウンシル」が集計している金の需要量データをご紹介しましょう（図25参照）。

「投資」の項目を見ると、２０１８年から２０１９年は前年比８・７％増であるのに対し、２０１９年から２０２０年は38・8％も増えています。それだけ多くの資産家が金へ投資したということです。

これが２０１８年末から２０２０年ごろのお話となっています。

その後、直近の２０２３年は「アメリカ

のシリコンバレー銀行の経営破綻」「クレディ・スイス ＡＴ１債無価値化」などの影響力のあるできごとがあったこと、円安が進んだことから、日本円ではついに１グラム税込９５００円を超える事態となりました。

金価格が３０００円台だったころを知る人にとっては、驚くべき価格ですよね。

# 3-9 10万円金貨は将来的にいくらになる？

## ❖今後、金の価格はどうなる？

本章で金価格を見てきた理由は、10万円金貨は金を素材につくられており、金価格が10万円金貨の価値につながるからでした。今皆さんが気になっているのは、数十年経ったときに、金貨（金）の価格がどうなっているのかだと思います。

結論から述べると、数十年程度の長いスパンで見た場合、予測不能なできごとがない限り、少しずつかもしれませんが金の価格は上昇傾向になると予想しています。

ここで重要なのが「長いスパンで見た場合」と前提を置いていることです。短いスパンで見た場合、例えば2022年では、新型コロナウイルス流行やロシア・ウクライナ戦争などの影響で価格変動がありました。

しかし、長いスパンで見た場合はこういった具体的な事象だけでなく、金自体の需要と供給も大きく影響してきます。金も結局は実体を持つ物なので、物の売買の大原則に則るからです。需要に対して供給が多ければ価格は下がり、需要に対して供給が少なければ価格が上がるというルールに則るという意味です。

そして、長いスパンで見たときに、金の供給量は減る可能性があるのに対し、需要量は増える可能性があります。これが、金の価格が上昇傾向になると考える根拠になります。

次からは金の供給と需要について見ていきましょう。

## ❖金の供給が減る理由

前提として、金の総供給量の大半を占めるのは「鉱山からの採掘」と「リサイクル」の２つです。そして、その量がどれほどなのかというと、２０２１年であれば次の通りです。

・総供給量　４６９５・７トン
・鉱山からの採掘　３５８２・２トン（総供給量のうち約76％）
・リサイクル　１１３６・１トン（総供給量のうち約24％）

鉱山からの採掘が総供給量の75％以上を占めていることがわかります。ほかの年もおおよそ同じで、総供給量4500トン前後、採掘75％程度です。ということは、供給量は鉱山からの採掘量に大きく左右されることになりますが、鉱山から採掘できる金は無限ではなく有限なのです。これが供給量が減る可能性がある理由です。

もう少し具体的な話をしましょう。

皆さんは現在、採掘できる金の量がどれぐらいか、ご存じでしょうか。現在の技術で採掘できる金の量は全部で5・4万トンほどだといわれています。それに対し、毎年の採掘量は3500トンほどです。つまり、単純計算をすると15年ほどで採掘できる金は尽きてしまうことになります。

もちろん、実際は技術が進歩すれば採掘できる量が増えるので、そう簡単な話ではありません。よくいわれるのは、海水にもごくわずかに金が含まれているという話です。技術が進化し、海水から金を効率よく取ることができれば、採掘できる量は増えます。

しかし、こういった方法が新たに誕生したとしても、金はいずれ尽きてしまう資源だと考えられています。

加えて、供給量が減る可能性をさらに強めるものとして、「金の採掘にもお金がかかる」という話もしましょう。

先ほど、採掘できる金の量は5・4万トンほどあるとご紹介しました。しかし、実際に採掘できる量はもっと少ない量です。なぜなら、採掘にもコストがかかるからです。

金の採掘も商売です。採掘にかかるお金に対し、採掘した結果として得られるお金が少なければ赤字になります。そのため、採掘コストが見合わない場所は基本的には掘りません。つまりは、実際に採掘される量は理論上、採掘できる量よりも少ないわけです。

量に限りがある物なのに、さらに限りがある――この金の枯渇問題が「将来的に金の供給量が減る可能性」につながっています。

## ❖金の需要が増える理由

続いて需要量の話です。

前提として、金の総需要量を大きく占めるのは「アクセサリーなどの宝飾品」「金への投資」「技術や電子機器への利用」の3つです。そして、これらの量がどれほどかというと、2021年であれば次の通りです。

・総需要量　　4020・8トン
・宝飾品　　　2229・5トン（総需要量のうち約55％）
・金投資　　　1007・4トン（総需要量のうち約25％）
・技術利用など　330・2トン（総需要量のうち約8％）

これらを1つずつ見ていくと、需要量は増える可能性があると予想できます。割合の大きい順に見ていきましょう。

最も割合が大きいのが、「アクセサリーなどの宝飾品」です。総需要量の半分以上を占めています。ほかの年もおおよそ同じ比率であることから、将来的にも需要は大きく変わらないと予想しています。ここは重要ではありません。

次に割合が大きいのは「金への投資」です。金への投資と聞くと「地金への投資（ゴールドバーの売買）」をイメージするかもしれません。しかし、近年では「金ETF」や

「純金積立」などの投資方法もあります。そして、これら方法は現在、昔と比べ利用者が格段に増えているため、それだけ「金への投資」の割合が増えていくと考えられます。

例えば、金ＥＴＦは２００４年ごろから始まった投資方法ですが、この方法で使われている金は当初１００トンもありませんでした。しかし、２００８年には８００トンほど、２０１２年には２５００トンほどにまで増えています。

この背景には、やはりインターネットがあると考えられます。インターネットを介した投資のシステムは年々整備が進み、今では気軽に金に投資できるようになってきています。そのため、緩やかにですが、金への投資量が増えていくと予想しています。

そして最後、三番目に割合が大きいのは「技術や電子機器への利用」です。

こちらも、近年では電子部品などの部品の素材として金が使われるケースが増えています。例えば、皆さんの身近な存在であるスマートフォンにも、微量ですが金が含まれています。その量は約０・０３２グラム。大した量ではありませんが、世界には数億～十億台ほどのスマートフォンがありますから、すべてかき集めたら結構な量になります。

現在はまだ、「技術や電子機器への利用」での需要量は少なめ、かつ横ばいですが、今後数十年経ったころにどうなるかは予想できないところがあります。

結論として、将来的には、投資や技術利用などを目的とした金の需要が増えていくというシナリオが現実的だと考えられるのです。

以上をまとめると、金の供給量は減っていく一方で、金の需要量は増えていく可能性が高い。そうなると、長いスパンで見た場合の金価格は、少しずつかもしれませんが、上昇していくと考えられます。それに連動して、金を素材とする金貨の価格も上昇していくと予想しています。

コラム

## 金価格はいつ・誰が決めている？

金は日本の市場のみならず、世界各国の市場でも活発に取引されています。そして、各市場では指標となる金価格をもとに、それぞれの国の為替レートなどを加味してその日の価格を決めています。

では、この指標となる金価格は誰が決めているのでしょうか。

答えは、「ロンドンの金市場」と「ニューヨークの金市場」です。

まず前者から。ロンドンが金取引の中心地としての地位を確立したのは、1697年にイギリス政府が金と銀の輸入を奨励するために輸入関税を撤廃したことがきっかけでした。これにより、ロンドンは金取引の重要な拠点として発展し始めました。

その後、19世紀に入ると、ロンドンの金市場は世界的な規模に拡大し、世界の金の供給と需要を調整する場としての役割を果たし始めます。この時期、南アフリカ、オーストラリアなどの地域で金鉱山が発見され、ロンドンがこれらの地域との取引の中心地となったのです。

そして、現在も、現物取引の金相場の中心地として重要な役割を果たしており、この市場にて金の現物価格の指標となる価格が毎営業日ごとに午前・午後の2回決められています。

実際にこの価格を決めているのは、ロンドン貴金属市場協会（LBMA）の会員であり、5大貴金属商と呼ばれる5社の企業です。この価格は公正なせり（競争で値付けさせること）によって決められるため、信頼性のある指標として扱われています。

一方で、先物取引の金価格の指標になっているのが「ニューヨークの金市場」です。先物取引とは、金を未来の特定の日に、あらかじめ決められた価格で売買するための契約をする取引のことです。先物取引における金価格は、現物取引とは異なり、リアルタイムで変動します。

ちなみに、金価格は基本的にドル建てで決まるため、日本では為替レートに基づいて「1グラム〇〇〇円」へ変換した価格が公表されており、その価格をもとに取引されています。

# 第4章

# 金貨投資家だけが知っている金貨の魅力

# 4-1 なぜ「銀」ではなく「金」がよいのか

第3章では、本書で最も注目している「10万円金貨」について、その概要から額面価値や素材価値、現在の価格などをご紹介してきました。本章では、10万円金貨投資の魅力をもっと鮮明に浮かび上がらせるために、金との比較として貴金属関連への投資と、金貨との比較として金投資やアンティークコイン投資と比べてみます。

## ❖銀はかつて金よりも価値があった

まずは、貴金属関連への投資として、「銀投資」を取り上げましょう。

本題に入る前に、銀の価値に関する歴史を少し振り返ってみます。

第2章でもご紹介しましたが、2023年10月時点では、金の価格は1グラム約9700円なのに対し、銀の価格は1グラム約114円です。

その価値に圧倒的な差があるわけですが、かつて銀は金よりも価値のある存在でした。

その証拠のひとつとして、昔はわざわざ金に銀メッキをした宝飾品が存在していたといわれていきます。生産量が増えるにつれてその価値は落ちていきますが、それでも銀は長い間、金と同等に扱われる存在だったのです。

銀の価値が金の価値よりもはっきりと下回ったのは16世紀に入ってからです。

新大陸の発見により、メキシコやペルーなどで大規模な銀鉱山が開発されたこと、銀の発掘・精錬技術が上がったことなどから銀の供給量が大幅に増えました。

供給量が増えることにより、需要が満たされ価格も下がります。その結果、銀の価値は金を下回ることになったわけです。

これが銀の価値の歴史であり、こんな銀へ投資するのが「銀投資」になります。銀も金同様、それ自体に価値を持つ物ですので、インフレになれば価格は上がる傾向にあります。

となると、「自分の資産を防衛するのに金ではなくて銀でもよいのでは」と考える方もいるかもしれません。しかし、自己資産を守る用途であれば、銀よりも金のほうが優れているのです。その理由は、銀には金とは異なる大きい２つの特徴があり、それが「価値（価格）の不安定性」につながっているためです。

その特徴とはいったい何なのか、ご紹介しましょう。

## ❖工業用途が半分を占める点

皆さんは銀がどのような用途で使われているか、ご存じでしょうか。金の需要は半分以上が「宝飾品」でした。となると、銀も「宝飾品」としての需要が多いと予想するかもしれません。しかし、実際のところは工業用の需要が半分ほどを占めます。ひとつのデータをご紹介しましょう。

そのデータとは、「The Silver Institute」が公開している銀の需要量のデータです。これによると、2022年の銀の需要は次の通りでした。

・総需要量　1242・4百万オンス
・工業用　556・5百万オンス（総需要量のうち約45％）
・投資　332・9百万オンス（総需要量のうち約27％）
・宝飾品　234・1百万オンス（総需要量のうち約19％）
・銀器　73・5百万オンス（総需要量のうち約6％）
・その他　45・4百万オンス（総需要量のうち約4％）

約45％が工業用途、約27％が投資用途で使われているとわかります。別の年を見てみると、工業用途の割合が50％程度の年が多々見られますので、毎年半分ほどの銀が工業用途として使われていると考えてください。一方で金は、２０２１年で約55％が宝飾品用途、約25％が投資用途、残りの約20％が工業用途でした。

これらデータから、金と比べ、銀は工業用途として多く使われていることがわかります。これが銀の価値の不安定性につながっているのです。

先で述べた銀の「工業用途」とは、具体的には電子機器や太陽光パネルの製造などとしての用途を指します。これら工業の生産は景気に左右されるため、その工業内で使う銀の需要も景気に左右されやすい性質を持ちます。加えて、工業特有の事情にも左右されますので、こういった工業の影響が銀の価格として現れるわけです。

これに比べ、金は工業用途の割合が低いことから、この影響は大きく受けません。よって、銀のほうが価格がぶれやすいのです。ここが金と比べたときの銀のひとつのデメリットであり、資産防衛に向かない理由として挙げられます。

## ❖市場が比較的小規模である点

もうひとつの特徴は、銀の市場が金と比べ小規模である点です。

その実際の規模ですが、２０２１年の銀の市場規模が約２６６億ドル（需要量10・56億オンス×年平均１オンス25・１６５ドル）である一方、同年の金の市場規模が約２７１７億ドル（需要量１・51億オンス×年平均１オンス１７９９・58ドル）です。その差は10倍程度。近年であればどの年も似たような差であり、銀の市場のほうが明らかに小さい規模であることがわかります。

そして、小さい規模の場合、投機的なお金が市場に流入すると価格が大きく変動しやすくなります。これが銀のもうひとつのデメリットで、資金流入により大暴落することをオイルショックになぞらえて「シルバーショック」と呼ぶことがあります。

最も有名なシルバーショックは、１９７９年から１９８０年の間に起こった「ハント相場」でしょう。

当時、イラン革命や第二次オイルショックなどで金の価格が上昇していましたが、それと比べて銀は割安でした。

そこに目を付けたのがアメリカの実業家、ハント兄弟です。彼らは世界に流通する銀の3分の1を買い占めます。結果、それまで1オンス約6ドルだった銀価格は50ドル超まで急騰。しかし、この事態をよしとしない取引所が規制を強化し始め、急騰した銀価格は約10ドルまで暴落。資金繰りに行き詰まったハント兄弟は最終的に破産してしまったのです。

これが「ハント相場」ですが、このほかにも、シルバーショックは1996年、2011年に発生しています。この点が銀投資の大きなリスクであり、銀の価値に安定性を求められない理由になっています。

以上の特徴から、資産防衛面から見たときには、銀よりも金のほうが優れていると考えています。

# 4-2 なぜ「プラチナ」ではなく「金」がよいのか

貴金属を取り扱う企業にて、金と並んで挙げられることの多いプラチナ。「貴金属関連の投資」と聞いて、真っ先にプラチナが思い浮かんだ方も多いのではないでしょうか。

## ❖プラチナの価値とは

プラチナとは、白色で銀色のような光沢を持つ貴金属のことです。酸や腐食に対して強い性質を持ち、また、金と比べるとその密度の高さから手に持ったときに重く感じられます。

プラチナの価値ですが、昔から貴金属の王と呼ばれるほどに高いものでした。その理由として、鉱石からの採取量が挙げられるでしょう。プラチナは金などと比べて鉱石から採れる量が少なく、なんと、1トンの鉱石からたった3グラム程度しか採れません。ゆえに、希少価値が高いものとして扱われていたわけです。

そんなプラチナの現在価値はというと、2023年10月時点では、金の価格は1グラム約9700円なのに対し、プラチナの価格は1グラム約4750円です。銀は約114円だとご紹介しましたから、それと比べて格段に高い価値を持っていることがわかりますね。となると、「資産を守る用途としてプラチナ投資がよいのでは」という発想も出てきます。が、銀と同様に、プラチナもまたおすすめできないのです。

その理由は、これまた銀と同様に、金と比べて価値（価格）が不安定であるためです。以降でその根拠を2つ見ていきます。

## ❖供給が少ないうえ産出地が偏っている点

実はプラチナは金と比べて全然採掘されていません。

ワールド・ゴールド・カウンシルのデータによると、2022年の金の採掘量は、総供給量4754・5トンのうちの3611・9トン（約76％）でした。

その一方でプラチナの採掘量は、ワールド・プラチナ・インベストメント・カウンシルの2022年のデータによると、総供給量225・7トンのうちの173・1トン（約77％）です。

どちらも採掘による供給が4分の3程度ありますが、その量は約21倍も違うことがわかります。つまり、プラチナは金よりも全然採掘されていないのです。

ということは、銀と同様に、プラチナ市場も金市場と比べて小さいものとなります。よって、市場への大規模な介入があると価格が大きく変動しやすいのです。

これが不安定だといえるひとつの根拠ですが、加えてプラチナは産出地が偏っており、これも不安定である要因となっています。

先で2022年のプラチナの採掘量は173・1トンだとご紹介しました。このうち南アフリカが約121・8トン（約70・4％）、ロシアが約20・6トン（約11・9％）、ジンバブエが約14・9トン（約8・6％）を占めています。

特に南アフリカとロシアの割合が高いことがわかりますね。それがゆえに、供給量はこれらの国々の経済事情に左右されやすいという特徴を持ちます。一方で金は産出地が偏っていないのでこの特徴は持ちません。

以上から産出地にも明確な差があり、プラチナの価値が金よりも不安定だといえる根拠となっています。

## ❖自動車産業に左右されやすい点

先では供給の観点からご紹介しました。しかし、プラチナ投資を語る上でこれよりも重要な特徴があります。それは「自動車産業に左右されやすい点」です。

この特徴はプラチナの価格（需要）の歴史を振り返ると理解が深まりますので、少し振り返ってみましょう。

プラチナに大きな注目が集まり始めたのは２０００年前後、環境問題が取り上げられたときです。とある理由から、自動車産業にてプラチナに白羽の矢が立ちました。

その理由とは、１つ目に、プラチナに排ガスや汚染物質を抑えられる効果があると判明したこと。２つ目に、プラチナは金同様に耐蝕性に優れていながらも、高温で加工することが可能な貴金属であったことです。

これらの理由から、特に「ディーゼル車」の排ガスの浄化装置としての需要が急上昇し、自動車産業での需要がプラチナ供給量の40％にも及ぶようになりました。

ディーゼル車とは、燃料に軽油を使用して走行する車です。ガソリン車と比べて燃費性に優れていますが、排ガスが多いために環境汚染問題への懸念を抱えていました。プラチナを使用することで、この懸念を払拭しようとしたわけですね。

プラチナの需要が上がった結果、停滞していた価格も上昇していきます。２０００年に

1グラム約1990円（年平均）だったものが、2003年には約2670円、2005年には約3290円、2008年にはなんと約5480円にまで高騰したのです。

しかし、このまま順調に価格が上がることはなく、その後の2008年9月に世界規模の金融危機「リーマンショック」が発生。自動車産業も含めた多くの企業の業績が悪化し、プラチナもその影響を受けて価格が大暴落してしまいました。

その後は経済の回復とともに価格も上昇していきますが……と、価格変動のすべてをご紹介すると長くなるのでここまでにしましょう。以上がプラチナ需要の歴史の一端です。

その後もプラチナは、「排ガスの浄化装置需要のライバルであるパラジウムとの競り合い」「電気自動車へのシフト」「コロナウイルスによる自動車需要の減少」「燃料電池車にてプラチナ需要が誕生」などにより価格が変動しています。

現在も自動車産業でのプラチナ需要の割合は大きいため、こういった自動車産業に関するできごとにプラチナ価格が左右されやすいのです。

つまりは、銀と同じようなもので、プラチナは世界の景気や自動車産業の事情に巻き込まれやすいがゆえに、金よりも価格が安定しにくいわけです。この点が金と比べたときのデメリットのひとつであり、資産防衛に向かないと考える理由のひとつになっています。

図26　金とプラチナの価格推移

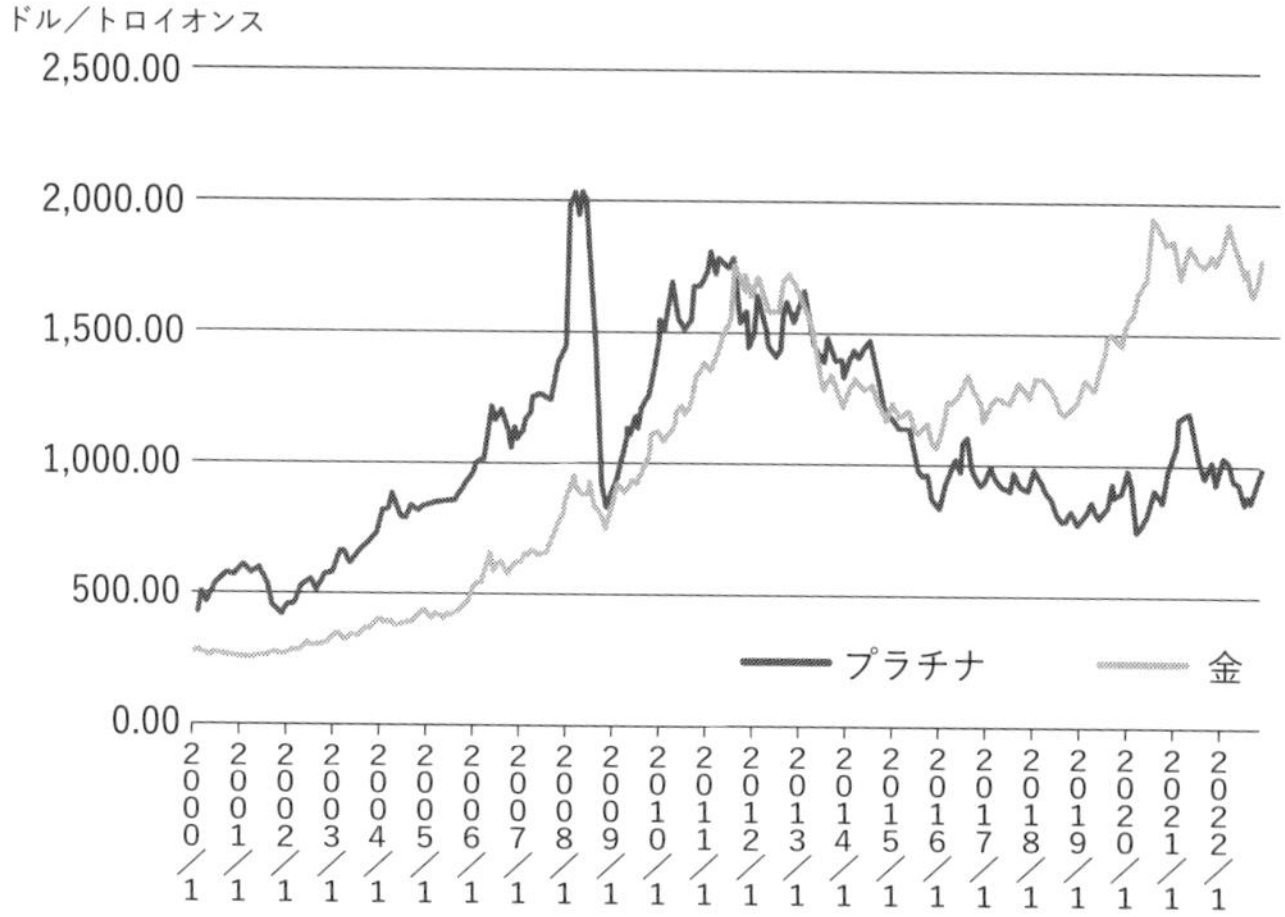


出典元：田中貴金属工業「金価格推移」「プラチナ価格推移」データをもとに作成

おまけとして、金とプラチナの価格を比べたグラフをお見せします（図26）。

面白いことに、２０１０年ごろまではプラチナのほうが金よりも価格が高い状態でした。その後２０１０年から２０１５年末までは価格が拮抗。２０１５年末以降は金のほうが高い状態になっています。直近のたった10年以内で金の価値がどれだけ上がったのかがわかりますし、その価格変動には驚きを隠せませんね。

## ❖資産防衛に最適な貴金属は「金」！

貴金属への投資の代表例として「銀」と「プラチナ」を見てきました。

まとめると、資産防衛のための貴金属に重要なのは「高い価値で安定していること」だと考えています。銀とプラチナは金と比べると価値が不安定なので、金が資産防衛に最適なのではないか、という考えに至ります。

であると、金投資がどのようなものかが気になってくるところです。次からは、金投資について詳しくご紹介しましょう。

# 4-3 多くの資産家が行う「金投資」

世の中にいる資産家の中には、自分の資産を守るために「金」へ投資する方も数多おります。

それだけ金投資に魅力があるわけですが、しかしなぜ金投資で資産を守れるのでしょう。その答えは、金にはいくつかの強みがあり、それら強みによって価値が比較的安定しているためです。

では、どのような強みがあるのか。改めて整理してみましょう。

## ❖金の強みとは

金の強みの1つ目は、インフレに強い点です。

インフレとは端的に述べると、物の値段が上がる現象を指します。インフレになると、物を買うときに多くのお金が必要になります。これはすなわち「物の価値は上がり、お金の価値は下がる」と捉えることができます。

そして、金はもちろん「物」であり同じ法則が成立しますので、インフレになると金の価格が上がる傾向にあるわけです。ゆえに金はインフレに強いといわれており、実際にインフレになると資産家は金を買う動きを見せ始めます。

続いて、金の強み2つ目は「財政破綻などで価値が失われない点」です。

例として、日本の紙幣を思い浮かべてみてください。私たちは紙幣を高い価値があるものとして扱っていますが、素材としてはただの紙です。その原価は1枚17円程度。

では、なぜ高い価値を持つのかというと、国が紙幣に対して信用を与えているからです。よって、その国でハイパーインフレでも起ころうものなら、紙きれ同然になることもあります。

これは国が発行する債券「国債」も同様です。国債を発行している国が経済的に破綻すると紙切れ同然になってしまいます。

つまり、紙幣や国債はただの紙にすぎず、国が信用を与えることでその価値を維持しているものになります。

一方で金は、国などにより信用が後ろ盾されているものではありません。それ自体に価値があり、その価値で取引されていますので、財政破綻などが起きてもその価値が失われることはないのです。

この「そのものに価値がある点」が資産防衛力が高い理由にもなっています。

最後、金の強み３つ目は「価格変動が緩やかである点」です。

例えば、株式の価格は１日で１から５％程度変動するといわれていますが、大きい事件が起こると10から20％ほども変動します。一方で、金の価格は１日で１％以下しか変動せず、「大きく変動したな」と感じた場合でも１％程度です。

つまり、金の価格変動は非常に緩やかなのです。そして、変動が緩やかだと嬉しいことがあります。それは、何か大きい事件が起きても、いきなり価格が大きく変動しないことです。

よって、頻繁に金の価格を確認しなくとも、「売りどきを間違えて大損する」といった事態にはなりにくい性質を持ちます。中長期的に金の価格が下がっているのならそのタイミングで売る、といった具合に考えていくことになるでしょう。

以上が金の主な強みであり、ほかに「世界中どこでも換金できる点」なども強みとして挙げられます。

金にはこういった強みからあるからこそ比較的価値が安定しており、資産防衛に向いているわけです。加えて、金にはとある面白い性質があります。

## ❖米ドルと逆相関の傾向にある金価格

その性質とは、米ドルと逆相関の傾向にある点です。この性質は、金の価格を見る上で大事な性質ですので、少し掘り下げてご紹介しましょう。

そもそも、米ドルとは世界最大の経済大国であるアメリカの通貨で、現在世界で最も信頼されていて、多く使われている通貨だとされています。

なぜ最も信頼されているといえるのか。その根拠となるデータを2つご紹介します。

まず1つ目は、各国の中央銀行が保有する海外通貨の量、外貨準備高のデータです。各国中央銀行が保有する外貨準備高をかき集めた場合、米ドルがどの程度を占めるかご存じですか。

その答えですが、2021年末時点で約58・8％（世界1位）です。2000年ごろは70％台だったのでだいぶ割合は下がっていますが、それでも半分以上は米ドルが占めています。それだけ各国中央銀行が米ドルを高く評価し、信頼しているわけです。

続いて2つ目は、どの通貨が最も多く使われているかを示す指標となるSWIFT（スイフト：国際銀行間通信協会）のデータです。

2020年のデータによれば、SWIFTのメッセージの約40％が米ドルで、それに次ぐのがユーロで約30％でした。それだけ米ドルでの取引が多いということであり、信頼されている証しだとも捉えられるでしょう。

こういったデータから、米ドルが世界でどれだけ信頼されているかがわかるかと思います。そして、世界中の多くの富裕層も自己資産を米ドルベースで保有しています。

しかし、米ドルも結局は通貨。その価値は日々変動します。そのことから、米ドルベースの資産が多いと、インフレなどで米ドルの価値が下落したときに資産が目減りしてしまいます。

そこで登場するのが金です。都合のよいことに、金は米ドルの値動きと反対の動きを示す傾向（逆相関）があります。なので、極端な話をすると、米ドルと金の両方を持っておけば、片方の価格が下がってももう片方の価格は上がるため、バランスを取ることができるのです。

## ❖米ドルと金価格が逆相関の傾向である理由

しかし、なぜ逆相関の傾向にあるのでしょうか。そのヒントは「金利」にあります。

まず、世界経済が安定し、アメリカの景気がよい場合を考えてみます。

この場合、「消費者の購買欲の上昇」などの複合要因から、アメリカの銀行の金利が上がります。アメリカの銀行の金利が上がるのなら、日本などではなくアメリカの銀行にお金を預けたほうがお得ですよね。

なので、円などを米ドルに換えて、アメリカの銀行にお金を預ける人が増えます。つまり、米ドルの需要が上がるのです。一方で、金には金利がつきませんので買う人が減ります。言い換えると、金の需要が下がるということです。

まとめると、アメリカの景気がよい場合は、米ドルの需要（価値）が上がり、金の需要（価値）が下がる傾向にあります。

逆に、戦争などで世界経済が不安定になり、アメリカの景気が低迷した場合はどうなるでしょうか。「消費者の購買欲の下落」などの複合要因から、アメリカの銀行の金利が下がります。その結果、金が抱えるデメリット、「金利がつかない」が薄れます。金利が同

図27　米ドルと金価格推移

出典元：田中貴金属工業「金価格推移」データ、インベスティング・ドットコム日本版「米ドル指数先物」データをもとに作成

じぐらいであれば、それ自体には価値がない米ドルではなく、それ自体に価値のある金を買うほうが安全です。そのことから、金を買う人が増えるのです。

つまりは、アメリカの景気が悪い場合は、米ドルの需要（価値）が下がり、金の需要（価値）が上がる傾向にあるわけです。

これが逆相関の傾向の意味になります（図27参照）。ただし、あくまで「傾向」であり、完全な逆相関ではないので、その点は誤解のないよう願います。

## 4-4 投資家は「ゴールドバー」と「金貨」のどちらを選ぶ？

ここまでの話を読んでこう思った方もいるかもしれません。

「資産向け金貨が金の価値で取引されるのなら、わざわざ額面価値のないゴールドバー（金の延べ棒）へ投資するメリットはないのではないか」

たしかに、金と金貨両者とも保有していても利息がつきませんし、課税対象にもなっています。さらに、それ自体に価値があるものなので盗難されるリスクもあります。

であれば、資産向け金貨のほうが額面価値や希少価値がある分、お得だと感じますよね。

しかし、実際のところはゴールドバーへ投資する方が多くいます。

その理由は、金の「購入」と「売却」の側面から見るとわかります。

図28 金を購入・売却するときの手数料(田中貴金属工業)

| 購入する金 | 手数料 |
|---|---|
| 500g・1kg | 0円 |
| 100g・200g・300g | 16,500円 |
| 50g | 8,800円 |
| 5g・10g・20g | 4,400円 |

| 売却する金 | 手数料 |
|---|---|
| 500g以上 | 0円 |
| 100g以上500g未満 | 16,500円 |
| 50g以上100g未満 | 8,800円 |
| 20g以上50g未満 | 4,400円 |
| 20g未満 | 2,200円 |

出典元:田中貴金属工業「売買価格と別途手数料」をもとに作成

## ❖購入面:現在はゴールドバーのほうが基本的には安く買える

実際の金の取引では、金自体の価格に加えて手数料(製造費などの諸経費)がかかります。そのため、その手数料を含めてゴールドバーと金貨を比較する必要があります。

ということで、まずは手数料を含めた購入時のグラム単価を見ていきましょう。

手数料は企業により異なりますが、日本において貴金属を取り扱う代表的な企業「田中貴金属工業」を例に見てみます(2023年10月時点)。

田中貴金属工業では、ゴールドバーの

サイズとして、5グラムから1キログラムまでの9種類を取り扱っています。そして、それぞれの手数料は図28の通りです。

一例として、5グラムのゴールドバーを買う場合のグラム単価を見てみます。2023年10月時点で金の購入価格はグラム単価で約9830円です。よって、5グラム購入時の支払いは5万3550円（9830円×5グラム＋4400円）になります。これを5グラムで割るとグラム単価は1万710円です。

一方で、資産向け金貨は手数料の含めた価格で販売されています。量目としては、10分の1オンスから1オンス（≒31・1グラム）の4種類です。

一例として、10分の1オンスの金貨を買う場合を考えてみます。田中貴金属工業では、2023年10月現在、1枚3万5012円で販売されていました。よって、グラム単価は1万1294円（3万5012円÷3・1グラム）になります。

このような計算方法でグラム単価を算出し、高い順に並べると面白いことがわかります（図29参照）。なんと、資産向け金貨のほうが明らかに割高なのです。

逆の見方をすると、2023年10月時点の金価格では、基本的にはゴールドバーのほうが割安で買えることになります。

図29　2023年10月時点の金の購入時グラム単価

| 購入する金 | グラム単価 | 金額（手数料込み） |
|---|---|---|
| 金貨 3.1g | 11,294 円 | 35,012円 |
| 金貨 7.8g | 10,962 円 | 85,503円 |
| ゴールドバー5g | 10,710 円 | 53,550円 = 9,830 × 5g ＋ 4,400 |
| 金貨 15.6g | 10,594 円 | 165,273円 |
| 金貨 31.1g | 10,430 円 | 324,368円 |
| ゴールドバー10g | 10,270 円 | 102,700円 = 9,830 × 10g ＋ 4,400 |
| ゴールドバー20g | 10,050 円 | 201,000円 = 9,830 × 20g ＋ 4,400 |
| ゴールドバー50g | 10,006 円 | 500,300円 = 9,830 × 50g ＋ 8,800 |
| ゴールドバー100g | 9,995 円 | 999,500円 = 9,830 × 100g ＋ 16,500 |
| ゴールドバー200g | 9,913 円 | 1,982,500円 = 9,830 × 200g ＋ 16,500 |
| ゴールドバー300g | 9,885 円 | 2,965,500円 = 9,830 × 300g ＋ 16,500 |
| ゴールドバー500g | 9,830 円 | 4,915,000円 = 9,830 × 500g ＋ 0 |
| ゴールドバー1kg | 9,830 円 | 9,830,000円 = 9,830 × 1kg ＋ 0 |

出典元：田中貴金属工業ウェブサイトをもとに作成

図30　2017年7月時点の金の購入時グラム単価

| 購入する金 | グラム単価 | 金額（手数料込み） |
|---|---|---|
| ゴールドバー 5g | 5,754 円 | 28,770円 = 4,890 × 5g ＋ 4,320 |
| 金貨 3.1g | 5,729 円 | 17,760円 |
| 金貨 7.8g | 5,561 円 | 43,372円 |
| 金貨 15.6g | 5,374 円 | 83,836円 |
| ゴールドバー 10g | 5,322 円 | 53,220円 = 4,890 × 10g ＋ 4,320 |
| 金貨 31.1g | 5,291 円 | 164,539円 |
| ゴールドバー 20g | 5,106 円 | 102,120円 = 4,890 × 20g ＋ 4,320 |
| ゴールドバー 50g | 5,063 円 | 253,140円 = 4,890 × 50g ＋ 8,640 |
| ゴールドバー 100g | 5,052 円 | 505,200円 = 4,890 × 100g ＋ 16,200 |
| ゴールドバー 200g | 4,971 円 | 994,200円 = 4,890 × 200g ＋ 16,200 |
| ゴールドバー 300g | 4,944 円 | 1,483,200円 = 4,890 × 300g ＋ 16,200 |
| ゴールドバー 500g | 4,890 円 | 2,445,000円 = 4,890 × 500g ＋ 0 |
| ゴールドバー 1kg | 4,890 円 | 4,890,000円 = 4,890 × 1kg ＋ 0 |

出典元：田中貴金属工業ウェブサイトをもとに作成

しかし、ここにはひとつの落とし穴があります。それは、金の価格が下がるほど金貨がよりお得になるという落とし穴です。

例として、2017年7月を見てみましょう。この時期は、金のグラム単価は約4890円でした。2023年10月は約9700円だったので、約4810円も安い価格ですね。

そして、先ほどと同様に手数料込みのグラム単価を算出したのが図30の表です。5グラムのゴールドバーを買うよりも、4分の1オンス（7・8グラム）の金貨を買ったほうがお得であることがわかるかと思います。つまり、この当時は、ごく少量の金を買うのなら金貨のほうが良かったわけです。

このように、金価格が下がると金貨も若干割安になります。

## ❖売却面：少量の場合は金貨のほうが高く売れる

続いて、手数料を含めた売却時のグラム単価を見てみます。2023年10月時点で、田中貴金属工業のゴールドバー買取の手数料は183頁の図28の通りでした。

図31　2023年10月時点の金の売却時グラム単価

| 売却する金 | グラム単価 | 金額（手数料込み） |
|---|---|---|
| ゴールドバー 5g | 9,260 円 | 46,300円 = 9,700 × 5g − 2,200 |
| 金貨 7.8g | 9,387 円 | 73,222円 |
| 金貨 15.6g | 9,459 円 | 147,568円 |
| 金貨 3.1g | 9,469 円 | 29,355円 |
| ゴールドバー 10g | 9,480 円 | 94,800円 = 9,700 × 10g − 2,200 |
| ゴールドバー 20g | 9,480 円 | 189,600円 = 9,700 × 20g − 4,400 |
| 金貨 31.1g | 9,509 円 | 295,716円 |
| ゴールドバー 50g | 9,524 円 | 476,200円 = 9,700 × 50g − 8,800 |
| ゴールドバー 100g | 9,535 円 | 953,500円 = 9,700 × 100g − 16,500 |
| ゴールドバー 200g | 9,618 円 | 1,923,500円 = 9,700 × 200g − 16,500 |
| ゴールドバー 300g | 9,645 円 | 2,893,500円 = 9,700 × 300g − 16,500 |
| ゴールドバー 500g | 9,700 円 | 4,850,000円 = 9,700 × 500g − 0 |
| ゴールドバー 1kg | 9,700 円 | 9,700,000円 = 9,700 × 1kg − 0 |

出典元：田中金属工業ウェブサイトをもとに作成

一例として、５グラムのゴールドバーを売る場合を考えてみます。２０２３年10月時点で、金の買取価格はグラム単価で約９７００円です。よって、５グラム売却時に手元に入る金額は４万６３００円（９７００円×５グラム－２２００円）になります。これを５グラムで割るとグラム単価は９２６０円です。

一方で、金貨は手数料を引いた価格で売却できます。その計算は割愛しますが、最終的な計算結果をまとめたのが図31になります。

こちらも面白い結果になっていることがわかりますね。金20グラムを売却するのなら、31・１グラムの金貨のほうがより高い価格で売却できるのです。

## ❖投資家は価格面以外の側面も含めて投資先を考えている

まとめると、現在の金価格では、「購入面ではゴールドバーのほうが有利」「売却面では少量の場合は、資産向け金貨のほうが有利」です。金の投資家は自身が予定している金への投資量から計算して、ゴールドバーのほうがお得になるのならゴールドバーへ、金貨のほうがお得になるのなら金貨へ投資しています。

ただし、これはあくまで「金」という素材のみに注目した場合の話です。

金貨には、ゴールドバーにはない「希少価値」がありますので、その価値に期待して金貨を選ぶ方もいます。また、「せっかく金を保有するなら、見て楽しめる金貨のほうがよい」と考える方もいます。

投資家は価格だけでなく、こういった側面も踏まえて投資先を選んでいるのです。

# 4-5 アンティークコイン投資に注目する人も

## ❖アンティークコインとは

金貨投資に近しい存在のひとつ「アンティークコイン投資」をご紹介します。一部の富裕層などが注目するこの投資は、どのようなものなのでしょうか。

アンティークコインとは、主に100年以上前の硬貨（コイン）を指し、全世界に20万種類（銘柄）ほど存在するといわれています。

元々は芸術品などの収集物のひとつとして主に収集家が購入していました。しかし、各国のニュースでアンティークコインの落札額が報じられるようになり、次第に投資としての需要が生まれるようになった経緯があります。

人によっては「古いコインがどうして投資に使えるの？」と思うかもしれません。その理由はデザインが美しかったり、残存する枚数が少なかったりするために希少価値が高いものが存在するからです。もちろん素材価値も評価対象ですが、その数倍から数百倍以上の希少価値があるというイメージです。

アンティークコインが実際に取引されているのは、主にオークションです。投資家はオークションに参加し、世界に数十枚しかないようなコインを落札しに行きます。そして、購入したコインを長期的に保有することで資産を守るのです。

具体的な例をご紹介しましょう。

アンティークコインの中でリスクが低めなものとして、古代ギリシャ・ローマのコイン群が挙げられます。リスクが低めだと言われる所以は、手にしたい人が大勢いるため、一旦値上がりすると値下がりしにくい傾向があるためです。そのことから、自己資産の防衛に向いていると述べる方もいます。

例えば、その中のひとつ「オクタドラクマ金貨」は、近年発掘されたことで、300万円から100万円ほどの価格にまで落ち込みました。しかし、その美しさから需要の高いものだったため、すぐに300万円ほどの価格に戻っています。

このように、種類によっては価格が安定もしくは上昇しているため、資産を守る投資として利用できるわけです。

そして、この投資に注目する方が絶えない理由は、ほかの投資と比べメリットが大きいからだと考えています。具体的にどのようなメリットがあるのか、２つご紹介します。

## メリット1　市場が閉鎖的である点

「閉鎖的」と聞くと悪いように聞こえるかもしれませんが、投資の世界ではメリットにもなります。

先で話した通り、アンティークコインは現存する枚数が少ないため、取引量はそう多くはありません。加えて、長期で保有する前提であることから、短い期間で数多くの取引が行われるものではありません。ゆえに、価格が大きくは変動しないのです。

さらに、長期保有で利益を出す投資であることから、短期で結果を出したい投資のプロが参戦しにくい特徴を持ちます。

こういった特徴から、アンティークコイン市場はよい意味で閉鎖的な市場となっています。よって、売買を急ぐ必要がなく、徹底的に調べてから検討できる強みがあります。

## メリット2　値上がりが期待できる点

金は価格が変動しにくい一方、アンティークコインは、種類によっては5から10倍も値上がりする場合があります。

例えば、17世紀半ばから18世紀後半まで発行されたイギリスの5ギニー金貨は、2002年時点での価格は、美品で30〜40万円ほどでした。しかし、2019年ごろになると、同じぐらいの状態のもので150〜400万円ほどになっています。つまり、5〜10倍ほどの値上がりがあったわけです。

一方で、同期間での金価格は1350円程度から5250円程度へ変わりました。価格は上昇しているものの、3・9倍ほどに収まっています。

この例からわかるように、アンティークコインは大幅な値上がりを期待できます。おそらくこの点が、アンティークコイン投資の最大の魅力なのではないでしょうか。

## ❖魅力的である半面、難しい

このほか、「保管コストが低い」「ひとたびコインを買えば、基本的には手元に置いておくだけでよい」といったところも評価されています。アンティークコイン投資にはこういった魅力的な側面があるため、一部の富裕層が注目しているわけです。具体的な運用としては、もともと金投資していた一部をアンティークコインに回す方法が多いと聞きます。

種類によっては数万円から始められることもあり、本書で初めてアンティークコインの存在を知った方は魅力的だと感じたのではないでしょうか。

しかし、魅力的である半面、投資初心者には難しい側面もあります。これが、私がアンティークコイン投資を資産防衛目的ではおすすめできない理由です。

いったい、アンティークコイン投資のどこが難しいのでしょうか。４－６で詳しくご紹介しましょう。

# 4-6 アンティークコイン投資の難しさ

## リスク1 適正相場が存在しない点

投資初心者にとってアンティークコイン投資が難しい理由は、そのリスクにあります。例えば、株式であれば、「株価収益率（ＰＥＲ）」や「株価純資産倍率（ＰＢＲ）」といった指標があります。これら指標から相場を予想し、売買する株式を決めます。また、本書の主題である10万円金貨も、ベースとなるのは素材価値だとご紹介しました。つまり、その日の金価格を見れば、金貨の価格も安易に予想がつきます。

しかし、アンティークコインは違います。希少価値をベースに価格が決まるため、適正相場が存在しないのです。

例えば、とあるコインが現在１０００万円だったとして、この価格が適正なのか、バブル状態なのかは誰にも判断できません。では、どのようにしてこの価格になったのかというと、収集家の相場観によるものです。多くの収集家が「高い」と感じれば価格は下がっていきますし、逆に「まだ安い」と感じていれば価格は上がると予想されます。

つまり、アンティークコイン投資で損をしないためには、この「収集家の相場観」を理解する必要があるのです。そしてこの相場観を知るためには、そのコインの発行枚数や歴史的背景などの基本知識を覚えるだけでなく、大勢の収集家が今そのコインのことをどのように考えているのかも理解しなければなりません。

この点が１つ目のリスクになります。

## リスク２　偽物を掴まされる可能性がある点

さらに難しくしている要因として、やはり偽物問題があります。

アンティークコインは「スラブ」と呼ばれる特殊なケースに、コインと証紙がセットで封入されて販売されているのが一般的です。証紙には、そのコインを示すＩＤやグレードなどが記されています。

このスラブにコインを封入しているのが、「ＰＣＧＳ（Professional Coin Grading Service）」（図32参照）や「ＮＧＣ（Numismatic Guaranty Corporation）」（図33参照）と

図32 PCGSスラブケース

図33 NGCスラブケース

いったコイン鑑定機関です。これら機関は、コイン業界では誰もが知っている有名な機関であり、第三者の立場から厳しく鑑定していることで知られています。そのことから、投資家は、これら機関が鑑定したコイン（＝スラブに入ったコイン）は基本的に信頼しています。

これだけを聞くと、偽物を心配する必要がないように感じますよね。しかし、コイン自体が高額であるがゆえに、そんなこともないのです。

例えば、２００８年にＰＣＧＳのスラブの偽造品が出回っていたことがありました。よく見ると、ラベルの文字の大きさなどが異なっていたのですが、パッと見で判断するのは難しいものでした。

このほか、アンティークコインを購入できるネットオークションにも罠があります。ネットオークションは、コイン商のお店などとは違い、現物をその目で見ることができません。ゆえに、偽造スラブ入りのコインが販売されているケースがあるのですが、それを見抜くのは困難を極めます。

要するに、スラブ入りコインでも、無条件に信用してはいけないわけです。普段からコインを見ている方は偽造品を見抜けると思いますが、投資初心者ではそう簡単にはいかないでしょう。

## ❖値上がるかは銘柄次第

2つのリスクをご紹介しましたが、これらをクリアすれば必ず資産を守れるわけでもないのが難しいところです。アンティークコインの中には、ほとんど値段が変わっていない銘柄や値下がりする銘柄もあるからです。

例えば、神聖ローマ帝国の通貨だった「ターレル銀貨」は、ここ20数年の間、ほとんど値上がりしていません。そのことから、今後も値上がりは期待されていないようです。

こういった懸念点も含め、自己資産を確実に守りたいのなら、10万円金貨への投資のほうがおすすめだと考えています。

コラム

## 現在の日本ではどこで金を採掘している？

２０２３年現在、日本における唯一の商業的規模の金鉱山は、鹿児島県の菱刈鉱山《ひしかりこうざん》です。１７５０年ごろに発見、１９８５年から採掘が開始され、日本の金の生産量の9割以上を占めている金鉱山となっています。

菱刈鉱山は、世界的に見ても非常に高品質な金鉱山として知られています。ここで言う「高品質」とは、鉱石中の金含有率が高いという意味です。具体的には、世界の主要金鉱山における鉱石１トン中の平均金量は3～5グラムである一方、菱刈鉱山の場合はなんと約20グラムもあるといわれています。

そして、金の埋蔵量は現在約２６０トンと推定されていて、日本のほかの主要金山すべてを合計したものを上回る大規模な金鉱山となっています。

ちなみに、２０１２年には、金の埋蔵量30トン、約１３００億円相当の新たな金鉱脈が見つかり、ニュースにもなりました。そのことから、この金鉱山のことをご存じの方も多いかもしれません。

環境保護の観点からも高い評価を受けており、周辺の自然環境への影響を最小限に抑えた採掘が現在でも行われています。

以上が現在のお話ですが、日本では、複数の金鉱山で金の採掘が行われていた過去もあります。

有名な金鉱山としては、新潟県の佐渡島にある「佐渡鉱山《さどこうざん》」でしょう。現在は閉山していますが、江戸時代から明治時代にかけて、日本で最も多くの金が産出されたとされる金鉱山（銀鉱山）となります。この佐渡鉱山というのはあくまで鉱山の総称であり、「西三川《にしみかわ》砂金山」「鶴子《つるし》銀山」「新穂《にいぼ》銀山」「相川《あいかわ》金銀山」などの主要な鉱山が含まれます。

このうち、相川金銀山は規模が大きいこともあり、現在は国の重要文化財に指定され、観光地としてにぎわっています。

第5章

# 10万円金貨投資の始めかた

# 5-1 10万円金貨の守備力と希少価値

第3章では、10万円金貨が、海外金貨と比べて格段に高額な額面「10万円」が設定されていることをご紹介しました。

続く第4章では、貴金属関連の投資として「銀投資」と「プラチナ投資」、コイン関連の投資として「アンティークコイン投資」を見てきました。安定性や難易度面でのリスクがあり、金投資よりは資産防衛に向かない投資であることがわかったかと思います。

逆に言えば、金投資は価値が比較的安定しており、資産防衛に向いているといえます。しかし、ほかの貴金属に投資需要が生まれるなどのできごとが発生した場合、金価格が暴落する可能性がないとは言い切れません。

では、金投資と同等の守備力を持ちながら、金価格の暴落にも強い投資はないのでしょうか。それこそが、10万円金貨投資です。

10万円金貨投資であれば、通常は金投資と同じように金価格をベースに取引できます。

さらに、金価格が暴落した場合でも10万円以下になることはありません。「10万円」という額面が日本国の法律で保証されているためです。

つまり、10万円金貨投資は、一般的に守備力が高いことで知られる金投資よりもさらに守備力の高い投資なのです。

## ❖10万円金貨の額面の守備力は？

しかし、実際のところ、この額面による守備力はどれほどなのでしょうか。その答えを知るべく各10万円金貨の額面をグラム単価を見てみます。

・ご在位60年記念金貨　グラム単価5000円（＝10万円÷20グラム）
・ご即位記念金貨　　　グラム単価3333円（＝10万円÷30グラム）

ご在位60年記念金貨は、金価格が5000円以上のときは素材価値のほうが高く、4999円以下のときは額面価値のほうが高いことがわかります。一方、ご即位記念金貨は、金価格が3333円以上のときは素材価値のほうが高く、3332円以下のときは額面価値のほうが高いことがわかります。

２０２３年10月現在、金価格は約９７００円ですので、ここから考えると、半額分は額面で保証されることになりますね。

この事実を聞いてどう感じるかは人それぞれですが、「より安全な投資をしたい」「ほったからしで済む投資をしたい」などと考える方には魅力的に映ると考えています。


加えて、たった今ご紹介したのは金１グラムでのお話です。金貨１枚でも金20、30グラムありますので、実際ベースで考えると額面保証の大きさが鮮明に出てきます。

一例を挙げます。２０２３年10月の金価格は１グラム約９７００円でしたが、このときに自分が20グラムの金（地金）を持っていたとしましょう。ある日、金価格が暴落し、４０００円にまで下がったとしたら、このときの損失は11万４０００円になります。

・現在　20グラム×９７００円＝19万４０００円
・暴落時　20グラム×４０００円＝８万円
・差分　19万４０００円－８万円＝11万４０００円

しかし、金20グラムからできている「ご在位60年記念金貨」を持っていたとしたら、額面である10万円は法的に保証されていますから、９万４０００円の損失で済みます。

・現在　20グラム×９７００円＝19万４０００円
・暴落　10万円（額面価値）
・差分　19万４０００円－10万円＝９万４０００円

つまり、金ではなくご即位記念金貨へ投資すると、２万円分の損失を回避できるのです。たった20グラムでこの額の損失を回避できるわけなので、多くの金貨を持つほど損失額を抑えられることはいうまでもないでしょう。

法で保証された額面価値があることは、これだけ大きいメリットがあるのです。実際の数字で見ると、資産を守る用途として向いていることがよくわかるのではないでしょうか。

## ❖ 10万円金貨に希少価値はある？

加えて、10万円金貨は記念金貨なので、希少価値があるかも気になってくるところです。2－7では、希少価値は発行枚数や残存枚数をベースに決まることをご紹介しました。各10万円金貨の発行枚数は次の通りです。

・ご在位60年記念金貨（1986年銘）　1000万枚
・ご在位60年記念金貨（1987年銘）　100万枚
・ご即位記念金貨　200万枚

近代金貨は1万枚を下回るぐらいになると希少価値が出てきます。よって、現在の10万円金貨にはほとんど希少価値がないということであり、しばらくは素材価値をメインに取引されていくと考えられます。

しかし、これら金貨はすでに発行されていないため、年を経るごとに現存枚数が減っていきます。さらに、金貨のブリスターパックを破いてしまう方もいるので、破かれていないものはかなり貴重になってくるでしょう。
この点を考慮すると、長い目で見れば、希少価値が上がる可能性を秘めているのではないでしょうか。

まとめると、金にはない10万円金貨の最大の強みは、「10万円という額面の法的保証があること」「希少価値が上がる可能性を秘めていること」です。この強みがあるからこそ、自己資産を守るために選ばれる「金」よりも「10万円金貨」のほうが格段に安全だと考えています。

さて、ここからは10万円金貨への投資方法や注意点といった、投資の実践についてご紹介していきます。

# 5-2 10万円金貨の購入方法

## ❖ 10万円金貨の入手経路は2種類

「硬貨（コイン）の購入方法」と聞くと、海外で開かれるオークションで落札をする、海外の有名なコイン商から購入するなど、少し手間がかかりそうな印象を抱くかもしれません。しかし、これは第4章でご紹介した「アンティークコイン」などの場合です。

10万円金貨は現在発行されていないものの、近代金貨で、かつ発行枚数が多いため、身近なところで手軽に購入できます。これもひとつの強みと言えます。

では、どこで購入できるのか。その方法は大きく2つあります。「オークションサイトで購入する方法」と「専門のお店で購入する方法」です。先に結論を述べると、おすすめは後者です。理由も含めて、それぞれをご紹介していきましょう。

## 経路1 オークションサイトで購入する方法

1つ目は、オークションサイトで購入する方法です。具体的には、日本最大級のインターネットオークションサービス「ヤフオク！」などを利用する方法になります。

この方法のメリットは、相場よりも安く手に入る可能性がある点です。

オークションサイトでは、業者・個人問わず、さまざまな方が10万円金貨を売りに出しています。特に個人出品の場合は、出品者全員が金貨に詳しいわけではないことから、相場よりも少し安い価格で落札されるケースもあります。

とはいっても、「素材価値（金価格）から簡単に適正価格がわかること」「詳しい人が価格を釣り上げること」から、その差額は大体1万円ほどですね。なので、メリットとして紹介したものの、そこまで大きいメリットにはならないと考えています。

一方で、この経路で購入するデメリットは2つあります。

1つ目は、出品物を勘違いして購入してしまう可能性がある点です。

例えば、2-1でご紹介した通り、天皇陛下御即位記念金貨は平成だけでなく令和にも発行されています。そして、令和のほうも「御即位記念金貨」という名前で出品されていますが、こちらの額面は1万円であり、かなりの紛らわしさがあります。また、金貨に詳しくない出品者ですと、「記念金貨」とだけ書いて出品する方も少なくありません。

そのことから、出品名はそこまで頼りになりません。目的のものとは違ったものを買わないよう、出品物をよく見て判断する必要があります。

続いて2つ目が、偽物チェックができない点です。

実は、2013〜2016年ごろに「天皇陛下御在位60年記念1万円銀貨」が偽装された過去があります。財務省の報告では、偽装銀貨は約500枚ほど見つかっているとのこと。もちろんこれは銀貨であり、金貨ではありません。金貨に関しては、3－3でご紹介した以外の報告は上がっていません。

そのため、10万円金貨に関しては基本的には偽物を気にする必要はないのですが、自分の目で実物を見て本物かどうかを確認したいところです。

一般的に、金貨の偽物を見破るためには、「金貨を手で触り、目で見て確認」「金貨が磁石にくっつくかを確認（くっつけば偽物）」「比重計を用いて確認」などの方法を取ります。

しかし、これらは手元に金貨がないとできません。言い換えると、ネットオークションでの購入は偽物チェックができないのです。ゆえに、偽物を掴まされるリスクを抱えることになります。

以上2つのデメリットがあるため、この手のサイトに精通している方でないと、この購入方法はおすすめできません。

## 経路2　専門のお店で購入する方法

私がおすすめする購入方法は、主に硬貨を専門に取り扱っているお店で買う方法です。

この方法の最大のメリットは、やはり、その信頼性の高さです。専門のお店は、毎日何十件、何百件もの取引を行っています。それだけ多くの顧客に信頼されているという見方もできます。

そのことから、偽物を売りつけられたり、間違えた商品を売りつけられたりするようなことは99％ありえないといってよいでしょう。

加えて、10万円金貨だからこそのよさもあります。

それは、アンティークコインなどをお店で買うときに発生するリスク「法外な価格で購入してしまう点」をほぼ確実に回避できることです。

本書で何度かご紹介した通り、10万円金貨は素材価値をベースに価格が決まります。よって、素人でも素材価値から値段は予想できますので、明らかに高い価格を設定していたらすぐバレてしまいます。

お店側もそんなことで評判を落としたくないので、基本的に法外な価格を設定することはないわけです。実際の価格感としては、どのお店も、その日の金価格に手数料を上乗せした程度となっていますね。

以上から、専門店で買うほうが、オークションサイトなどから買うよりもよっぽど安全だと考えています。

しかし、硬貨を販売するお店は、主に希少価値の高い硬貨を取り扱います。10万円金貨は現在希少価値の低い金貨であるため、買取店は多いものの販売店は少ない状況です。唯一のネックはそこにあるかもしれません。

このあたりのお話は本書の最後、「おわりに」でも詳しくご紹介しています。

# 5-3 「ご在位」と「ご即位」、どちらがおすすめ？

実際に10万円金貨を購入する際にぶつかる疑問として、２種類の10万円金貨のうち、どちらを買えばよいのかわからない、というものがあります。

この答えですが、基本的には「額面価値や価格」と「希少価値や偽造対策」の両方を考慮して選ぶとよいでしょう。以降で各観点でのポイントをご紹介します。

## ポイント1 額面価値や価格から考える

まずは「額面価値」の観点です。

どちらも額面は10万円ですが、金のグラム数は異なります。ご在位60年記念金貨が20グラム、ご即位記念金貨が30グラムですね。そのため、金価格がいくらまで下がると額面のほうが高くなるのかは異なります。具体的に、額面のほうが高くなる条件は次の通りです。

・ご在位60年記念金貨　金１グラムが５０００円以下

・ご即位記念金貨　金1グラムが3333円以下

この観点で見ると、ご在位60年記念金貨のほうがお得だとわかります。

加えて、金貨1枚の価格も金20グラムのご在位60年記念金貨のほうが安いため、より少ない額から投資できるのもメリットだといえるでしょう。

この観点だけで考えると、ご在位60年記念金貨のほうが魅力的に映ります。しかし、もうひとつの観点で見ると、また見え方は変わるのです。

## ポイント2　希少価値や偽造対策から考える

10万円金貨は現在、希少価値が低い状態です。しかし、今後保有し続けたら残存枚数が減り、希少価値が出てくる可能性を秘めています。

具体的に発行された枚数は、ご在位60年記念金貨が1100万枚、ご即位記念金貨が200万枚。5分の1以下しか発行されていないご即位記念金貨のほうが将来的に希少価値が高くなる可能性が高いといえるでしょう。

これに加えて、偽造対策の観点も重要なポイントです。

３‐２でご紹介した通り、ご即位記念金貨のほうがより強い偽造対策が施されています。金貨は偽造されやすいものですから、出回っているものが99％本物であることが、実は大きな強みになっています。この点でもご即位記念金貨に軍配が上がります。

ただし、偽造対策されているのはブリスターパックに包装されているご即位記念金貨です。ブリスターパックで包装されていない場合は、この限りではありません。

以上の２つの観点を考慮して、自分の投資の考え方に合うほうを購入することをおすすめしています。一言でまとめるならば、**額面保証を最大限活かしたい、もしくはより少額からスタートしたいなら「ご在位60年記念金貨」、希少価値や偽造対策も気にするのなら「ご即位記念金貨」を選ぶ**といった具合です。そのほか、自分の資産状況や、税金面（５‐６でご紹介します）も考慮して、それぞれを何枚購入するかを決めてみてください。

# 5-4 10万円金貨の保管場所と注意点

10万円金貨を購入した後は、金貨を保管する場所を考えなければなりません。自宅の机の上に放置するなどしていると盗まれる可能性があるためです。

ここでは代表的な保管場所を2つご紹介します。それぞれに強みがあるので、自分に合った保管方法を選ぶとよいでしょう。

## 方法1 自宅金庫で保管

1つ目は、ホームセンターやネットショップなどで金庫を購入して自宅に設置し、そこに金貨を保管する方法です。

手軽でコストもかからないところがメリットです。また、自宅であればすぐに金貨を取り出せるので、その美しい輝きをいつでも楽しめますし、緊急時に迅速に金貨を取り出すといった対応も可能です。

一方、デメリットは、盗難や火災などのトラブルはすべて自己責任である点です。特に盗難に関しては、仮に金庫を強固にしても金庫ごと盗まれてしまう場合があります。

例えば、２０２２年10月には、兵庫県のとある会社にて金庫ごと盗まれる事件がありました。防犯カメラには、窃盗犯が電動工具で金庫をこじ開けようとしたもののこじ開けられなかったため、台車で金庫ごと運び出した姿が記録されていました。その金庫の重さは１００キログラム以上あったそうです。そう簡単には運べなそうに思えますが、それでも盗まれてしまったのです。

こういった被害事例もありますので、自宅金庫を購入する際はその種類に注意したいところです。実は、自宅金庫には、「耐火金庫」「ＴＳグレードの耐火金庫」「防盗金庫」の３種類があります。

耐火金庫とは、火災から貴重品などを守るための金庫で、よくホームセンターなどで販売されています。比較的安価であることもあり、日本ではこの種類が多く流通しています。しかし、工具などで簡単にこじ開けられるなど、防犯面にやや弱い部分があります。

この防犯面を強化したのが2種類目のＴＳグレードの耐火金庫です。この種類は、工具のこじ開けなどに15分程度耐えられるかどうかの試験をクリアした金庫となっています。

最後、３種類目の防盗金庫とは、耐火金庫の性能に加え、強固な防犯性能も兼ね備えた金庫です。こじ開けや持ち去りを防ぐため、大きく・重く・頑丈につくられています。さらに防犯力を高めるため、床にボルトで固定するものまで存在します。しかし、金庫自体の費用が高く、設置場所が限られる点がデメリットです。

以上から、費用や設置場所の条件をクリアしてでも盗難リスクを抑えたいのなら「防盗金庫」、費用を抑えつつも防犯性能がほしいのなら「TSグレードの耐火金庫」の購入をおすすめします。

## 方法2 金融機関の貸金庫で保管

2つ目は、銀行や信用金庫といった金融機関の貸金庫に金貨を保管する方法です。貸金庫の例として、三井住友銀行が提供する貸金庫があります。金庫の大きさによって年間2・2～4・6万円ほどの利用料がかかりますが、暗証番号や専用の鍵を利用することから非常に高い防犯性を確保できる貸金庫となっています。

この方法のメリットは、防犯対策が万全なのはもちろん、火災や地震などの自然災害からも金貨を守れる点です。

一方、デメリットは、年間の利用料が発生することや、営業時間しかアクセスできないこと（取り出したいときに取り出せないこと）です。加えて、常に手元に金貨があるわけではないことから、金貨見て楽しむのには不向きだと考えています。

この中で特に注意するべきは費用面ですね。投資する金貨の枚数が少ない場合、投資で出た利益が貸金庫の利用料で帳消しになってしまう可能性があります。こういったケースに陥らないよう、自身の金貨状況をしっかり把握しておきましょう。

## ❖金貨を保管するときの注意点

続いて、10万円金貨を保管するときの重要な注意点をご紹介します。

その注意点とは、金貨の包装（プラスチックケースやブリスターパック）を破かないことです。破いてはいけない理由は、金貨が包装された状態であることに価値があるからです。

この包装はそう簡単に偽造できないことから、本物である証拠のひとつとなりますし、金貨を摩耗や衝撃・汚れから守ることもできます。金貨は保存状態が悪いと価値が下がりますから、価値を維持し続けるためにこの包装は必要不可欠なのです。

加えて、包装された状態が希少性を持つこともポイントです。

10万円金貨が販売された当初、「金貨を触ってみたい」などの考えから、包装を破ってしまう方が多くおりました。結果、現在の取引では、裸のまま（包装なし）取引されている金貨も数多くあります。さらに、今もどこかで金貨を手にした人が包装を破いていることでしょう。

要するに、年々、裸のままの金貨が増えているのです。これは逆に考えると、包装されたままの金貨の数は減っているということになります。数が減るほど希少性が増し価値が上がりますから、この観点からも、包装は絶対に破いてはいけないのです。

金貨を手にすると直に触ってみたい気持ちになるかもしれませんが……。その気持ちは抑え、金貨を眺めるだけで我慢することをおすすめします。

## ❖裸の金貨を保管するときは

そうはいっても、裸のままの10万円金貨を手にする場合もあるでしょう。この場合の注意点は2つあります。

まず1つ目は、金貨を磨かないこと、洗わないことです。

金貨の価値は、金貨の削れ具合を減点方式で評価し決まるのが一般的です。例えば、

「金貨に傷が多ければその分減点された価値になる」といった具合です。そして、その評価方法の中に「洗浄や修正の跡」という項目があります。

つまり、金貨を磨いたり洗ったりすると、金貨が削れて価値が下がってしまうのです。とはいっても、金貨をきれいにしたい方もいるでしょう。銀貨の場合は、そういった人向けの方法として、重曹を入れた水に銀貨を沈ませる方法や、超音波の振動で洗う方法などがあります。しかし、金貨は柔らかく摩耗しやすいため、これらの方法はおすすめできません。布で軽くふき取る程度で我慢することをおすすめします。

続いて、２つ目の注意点は、裸の金貨を専用ケースに仕舞って保管することです。これも理由は１つ目の注意点と同じです。金貨に傷がつくとその分価値が下がるので、専用ケースに入れてそれを防ぐ必要があります。専用ケースは、硬貨を専門に扱うお店やネットショップなどで買うことができます。

ご在位60年記念金貨は直径30ミリメートル、ご即位記念金貨は直径33ミリメートルなので、第１章で紹介したような資産向け金貨と同じぐらいのサイズです。このサイズを念頭に、金貨がしっかり収まるケースを購入して保管しましょう。

# 5-5 10万円金貨の売りどきと売却方法

## ❖金貨の売却タイミングは?

10万円金貨の売却方法をご紹介する前に、そもそも10万円金貨はいつ売るのがベストなのかを話しておきます。

10万円金貨を金として見るならば「金価格が高いとき」です。金の価格が安いときに買い、高くなったら売る。これが投資の大原則です。ただし、すでにご紹介したように、一般的に金貨の売却価格には手数料が含まれます。そのため、金価格だけを見て売却を決めるのではなく、手数料を含めた利益計算をして決めるようにしましょう。

これが一般的な金投資の売りどきの考え方なのですが、10万円金貨には「記念硬貨」の側面もあります。この側面での売りどきについても頭の片隅に入れておくとよいでしょう。

具体的に、記念金貨の売りどきは大きく2つあります。

まず1つ目は「硬貨の収集ブームが到来したとき」です。１９６４年東京オリンピック記念硬貨や、ご在位60年記念金貨が販売された当時、それをきっかけに硬貨の収集ブームが起きました。そして、そのブームにより一時的に価格が上がったのです。

例えば、前者の東京オリンピック記念で販売された「1千円銀貨」。販売当初は２０００円ほどで取引されていましたが、収集ブームが起きた結果、９年後にはなんと2万２０００万円ほどにまで価格が上がりました。ブームが起こると需要が高まるために価格が上がるわけですね。

今後もこういったブームが起こるかはわかりませんが、仮に起こったとしたら間違いなくそのタイミングが売りどきの有力候補になるでしょう。

続いて2つ目は「催し物が間近に控えているとき」です。国内外問わず、記念硬貨が発行されるタイミングで、それに関連する過去の記念硬貨の価値が上がる傾向があります。

例えば、直近では、２０２０年東京オリンピック時に記念硬貨が発行されています。このタイミングで、１９６４年東京オリンピック記念硬貨の取引が活発になり、価格が多少上がりました。記念硬貨が販売されるような催し物があるときは、ネットオークションなどでその催し物関連の記念硬貨の取引額を逐一チェックするとよいでしょう。

繰り返しますが、10万円金貨の売りどきは「金としての売りどき」と「記念硬貨としての売りどき」があります。しかし、現状の10万円金貨は素材としての価値が高い状況です。そのため、基本的には前者が売りどきであり、後者は頭の片隅に入れておく程度で構いません。

## ❖10万円金貨の売却方法

さて、10万円金貨の売却方法を見ていきます。

購入時と同じく、大きくは「オークションサイトで売る方法」「専門のお店で売る方法」の2種類があります。各方法の詳細は購入方法と同様ですが、購入時とは異なり、偽物に気を付ける必要などありません。また、基本的にどちらの方法でも金価格をベースとした売却価格になりますので、お好みの方法で売却するのがよいと考えています。

強いていうのであれば、すぐにお金に変えたいなら「専門のお店で売る方法」、多少でも高く売りたいのなら「オークションサイトで売る方法」という判断でしょうか。

しかし、どちらの場合でも、売却価格がその日の金価格に影響する点には気を付けてください。「明日お店に売りに行こう」などと考えていると、金価格が前日よりも下がっていて若干損することもありますので……。

そういう意味では、特定の日の金価格で取引できる「専門のお店で売る方法」がおすすめかもしれませんね（詳しくは「おわりに」で触れます）。

ちなみに、仮に金価格が暴落し額面価値のほうが高くなった場合に、どこで売ればよいのかをご存じでしょうか。その答えは「銀行などの金融機関」です。

10万円金貨は日本の貨幣ですので、日本の銀行などの窓口で両替対応してもらうことができます。ただし、枚数次第では両替手数料がかかります。両替手数料は銀行により異なり、例えば日本の三大銀行のひとつ「みずほ銀行」では、１００枚までが無料、１０１～５００枚が５５０円、５０１～１０００枚が１３２０円といった具合に決まっています。ほかの銀行も同様に、枚数が多いほど手数料が高くなります。

万が一、銀行で両替する事態になった場合は、事前に手数料がいくらなのかを調べてから両替しに行くようにしましょう。

# 5-6 10万円金貨投資で気を付けるべきこと

## ❖ブリスターパックは破かない

これまで、10万円金貨投資の購入から売却までの流れをご紹介してきました。10万円金貨投資はご紹介した知識があれば基本的には問題ないものの、注意点があります。

まず1点目は、繰り返しになりますが、「ブリスターパック（包装）を破かないこと」です。

金貨買取店などが10万円金貨を買い取る際、必ずブリスターパックに入っているかどうかを確認します。その理由は、単純にパック入りの方が希少価値があることもそうですが「ブリスターパックに入っている＝本物である」という証拠にもなるためです。それだけ、包装が解かれていない状態であることが重要なのです。

余談になりますが、記念金貨の中には、特製ケースに入っていることで希少価値が跳ね上がる場合もあります。

日本の記念金貨でいえば、２０１５年に造幣局により発行された「東日本大震災復興事業記念1万円金貨」です。

東日本大震災の復興への願いを込めて、１から４次の４回にわたり発行されました。

この金貨におけるポイントは、入手方法が２種類あったことです。１つ目は他の記念金貨と同様に「造幣局からの購入」。２つ目が「個人向け復興応援国債の一定以上の保有者へ無料で贈呈」という方法でした。

このうち後者の個人向け国債分は、希少価値が高くつくほどの発行枚数だったのです。その具体的な枚数ですが、１次発行分は１万４０００枚のうちの４２６３枚。２次発行分は１万１０００枚のうちの１３５７枚。３次発行分は１万枚のうちたったの８１２枚。そして、４次発行分は１万枚のうちのたったの９１９枚です。

近代金貨でも発行枚数が３桁台になると入手が難しいので、どれだけの希少価値がついているかはいうまでもないでしょう。

しかし、金貨のデザイン自体はどちらの入手方法とも同じです。では、どのようにして、個人向け国債分だと判断するのか。その答えが、造幣局の特製ケースにあります。

実は、個人向け国債分は、当時、それ専用の特製ケースに入ったかたちで贈呈されました。このケースの特徴的な点は、ケースの内側にあるリボンで感謝状をかけられる点です。この仕組みにより、感謝状と一緒に飾れるようになっています。

この特製ケースに入っている場合は個人向け国債分だと判断できるため、場合によっては素材価値と同じぐらいの希少価値が付きます。素材価値が15万円だとしたらその倍の30万円で取引される、といった具合ですね。

こういった実例から、「ケースやパックなどに包装されたままかどうか」という点が重要であることがわかるのではないでしょうか。

### ❖入手するなら今のうち

2点目は「10万円金貨には限りがあること」です。

第1章では、メイプルリーフ金貨などの各国で発行されている資産向け金貨を見てきました。これらは基本的に毎年発行されるので、枚数に限りはないといって差し支えありません。

一方で10万円金貨は、その当時の催し物のときに発行された、いわば限定品です。発行枚数以上は現存せず、数に限りがあります。具体的な枚数は、ご在位60年記念金貨が１１００万枚、ご即位記念金貨が２００万枚でしたね。

発行されてからまだ50年も経っていないため、現状はまだかなりの数が残っていると考えられます。しかし、年を重ねるごとに現存枚数は減っていますし、実際の取引を見る限りでは、特に包装入りのものが年々減っていると感じています。

残存枚数が減り希少価値が上がると入手も困難になりますので、本書を読んで10万円金貨投資に興味を抱いた方は、今のうちに入手されることをおすすめします。

## ❖ 10万円金貨の税金面はどうなっている？

３点目は「10万円金貨投資に関する税金には細心の注意を払うこと」です。

個人で金投資をする際は、一般的に「所得税」と「相続税」が関わってくるのですが、10万円金貨投資の場合はどうなるのかご存じでしょうか。

まず前者の「所得税」に関してご説明しましょう。

通常、ゴールドバーや資産向け金貨を売った際に得た利益は「譲渡所得」として課税を受けます。譲渡所得とは、土地や建物、金などの資産を譲渡することによって生じる所得のことです。

具体的な計算は、保有期間が5年以上かどうかで分岐し、5年未満なら「短期譲渡所得」、5年以上なら「長期譲渡所得」として課税を受けます。

その計算はゴールドバーなどの場合だと次の通りで、長期譲渡所得のほうがお得です。

短期譲渡所得：売却時の金額－購入時の金額－特別控除50万円
長期譲渡所得：（売却時の金額－購入時の金額－特別控除50万円）÷2

では、個人が10万円金貨投資をする場合も譲渡所得として課税を受けるのでしょうか。

その答えですが、10万円金貨は日本の貨幣であるがゆえにどちらとも言えない状況です（2023年9月末時点）。

インターネットで調べてみると、記念金貨は、貴金属のアクセサリーなどと同じく「生活用動産」だという回答が散見されます。これを正としたときは、10万円金貨1枚の売却額が30万円以上になった場合に課税対象となり、先ほどの譲渡所得の計算を行う必要が出てきます。

しかし一方で、東京国税局への問合せのご回答としては、「10万円金貨は貨幣の側面も持つため非常に扱いが難しいことから、個別に税務署へ相談してほしい」とのことでした（2023年9月末時点）。

よって、2023年9月末時点での10万円金貨の所得税に関しては、「売却額が1枚30万円未満なら非課税・30万円以上なら個別に税務署へご相談」という判断がベストだと考えています。

ちなみに、金30グラムのご即位記念金貨のほうが先に30万円のボーダーを超えるので、この観点から考えると金20グラムのご在位60年記念金貨のほうが有利だといえます。

また、補足ですが、課税対象となった場合は、購入時の金額が証明できないと「みなし取得費」が適用され、売却額の5％を購入費用として計算することになります。言い換えると、売却額の95％が利益だとみなされ、本来払わなくてもよいはずだった分の税金を払うことになる可能性があるということです。

ですので、購入時の金額を証明できる書類などは大切に保管しておきましょう。

続いて、相続税です。相続税とは、亡くなった両親の遺産として、土地や金などを受け継いだ場合にかかる税金のことです。

10万円金貨の場合、金の価値として計算するのか、額面として計算するのか、という問題があるのですが、これに対する東京国税局の回答も所得税と同様でした。

よって、相続することになった際は個別に税務署へご相談することを推奨します。

## ❖金貨を溶かすのは法律違反!

最後に、4点目のこれが最も大事な注意点で、「10万円金貨を溶かすのは日本では法律違反であること」です。

これまでの話から、10万円金貨を溶かして金として利用する方法を思い浮かべた方もいるでしょう。しかし、日本国内でこれをすると法律違反になりますのでご注意ください。

具体的には、「貨幣損傷等取締法」という法律で罰せられます。「貨幣を損傷したり溶かしたりした場合、1年以下の懲役もしくは20万円以下の罰金」といった内容の法律です。

造幣局が発行するすべての記念金貨は貨幣なので、この法律の適用範囲内になっています。

以上が10万円金貨投資の注意点です。普通に10万円金貨へ投資するなら気にする必要はないかもしれませんが、頭の片隅に入れておいてください。

# 5-7 すでに投資する人が出始めている10万円金貨投資

## ❖ 10万円金貨投資は、多くの知識を必要としない

本書を読み進めた方の中には、「10万円金貨投資」という単語に興味がありつつも、「怪しい話なのではないか」と懐疑的だった方もいるでしょう。もしかしたら、アンティークコイン投資などで痛い目にあった経験がある方もいるかもしれません。

アンティークコイン投資に関して、「資産防衛におすすめの投資」だと謳っている本もたびたび見かけます。実際のところ、見方によっては間違いではないと私も考えています。しかし、4－6でもご紹介した通り、アンティークコイン投資はコインの知識が乏しい状態で参入するには難しいというのが私の率直な見解です。

一方で、10万円金貨投資はどうでしょうか。投資対象の10万円金貨は現在2種類しかあ

りません。今後、種類が増えるかといえば、当時だからこそ「10万円」の額面で発行できた背景があるため、増えることはないと考えています。ですので、10万円投資をするのであれば、5－3でご紹介した、各10万円金貨の特徴を比較して選ぶだけで済みます。

さらには、第3章にて、10万円金貨の歴史などをご紹介してきましたが、正直に申しますと、実際の10万円金貨投資ではこのような知識は必要ありません。その理由は、10万円金貨の価値は現在、素材価値（金の価値）で決まっているためです。この点も重要なポイントです。

アンティークコインの価格は希少価値をベースに決まるので、収集家次第で価格が変わります。数名の収集家が「どうしてもそのコインが欲しい」と切望すれば、急に価格が上がることもあります。一方で、10万円金貨の価格は金の価値をベースに決まるので、誰が見てもおおよそ同じ価格になります。つまり、主観が入る余地がないのです。

将来的には、希少価値が生まれる可能性もありますが、そうだとしても素材価値は残り続けるのでマイナスに働くことはないでしょう。

加えて、デザインが細かいこと、偽造対策が施されていること、国の法律で守られている金貨であることからも、偽物が出回る確率はほぼゼロに近いと考えています。

## ❖資産防衛としてハードルが低い

これまでの話をまとめると、10万円金貨投資は、アンティークコイン投資などと比べ、覚えるべき知識量が少なく、偽物が出回る可能性も非常に低いことから圧倒的にハードルが低い投資です。また、金貨自体が国の法律で守られている安心感や、基本的には通常の金投資と同じであることからも、シンプルで透明性が高い投資だといえます。

こういった強みから、本書では、資産防衛手段として10万円金貨投資をおすすめしてきました。また、こういった強みにいち早く気付き、１０万円金貨へ投資する方が徐々に出始めているのが現在です。

本書を通し、少しでも10万円金貨に投資的な魅力を感じていただけたら幸いです。

そして、本書を手にとっていただけたのも何かのご縁だと思いますので、ぜひ少額からでも可能な「10万円金貨投資」を始めてみてください。

# おわりに

## 10万円金貨買い取りの悩みから誕生した「認定金貨」

最初に、本書をお読みくださった方にお礼を申し上げます。

買取業に携わりかれこれ13年近くになる私ですが、当初は、全国に買取店を展開し、お客様からさまざまな商品をお買取りするまでに至るとは想像しておりませんでした。

そして現在、私はまたしても想像外だった「書籍（本書）の出版」を買取業の傍らでおこなっています。

なぜ、ただの買取屋さんが本を出版することになったのか、不思議に思う方もいらっしゃるでしょう。なんせ、私自身が不思議に思っているぐらいですからね。

思い返すと、すべての始まりは、ご在位60年記念金貨（金20グラム）を素材価値で買い取るようになったことにあります。

今では、10万円金貨の2種類とも素材価値をベースに買い取っていますが、私が買取業に携わり始めてから数年間は、ご在位60年記念金貨は素材価値が額面価値より低い状態でした。

そのため、日本のほかの記念金貨は素材価値をベースに買い取っていた一方で、ご在位60年記念金貨に限っては、持ち込んでくださったお客様に感謝しつつも、「銀行さんに聞いてみてください」と金融機関での両替をご案内していました。

しかし、2019年夏ごろに金価格が安定して1グラム5000円を超え、そして、2020年に6000円を超え始めたころに、対応が変わります。私たち買取屋は、ご在位60年記念金貨を素材価値として買い取るようになったのです。

これまでの間、ご在位60年記念金貨だけが額面価値が高い状態を維持し続けていたため、「ご在位60年記念金貨までも素材価値で買い取るようになったこと」がいかに衝撃的だったかは想像に容易いかと存じます。

また、当時は新型コロナウイルスが流行り始めた時期でしたので、その不安などから金投資に大きな需要が発生していました。

こういった事情を踏まえて、常日頃から自身の買取業を資産防衛へつなげたいと考えていた私は、「将来の不安を少しでも減らしたいお客様や、長期的に心の安らぎを求めるお客様のために、この10万円という額面価値が活きるのではないか」と考え始めたのです。

そして、この考えを実現する方法として、10万円金貨投資が誕生するに至ります。


ですが、正直なところを申しますと、「10万円金貨を投資に使う」という発想は当時、買取業を営む人間であれば多くの方が行き着く発想だと考えていました。

私たち買取屋の立場からすると、日頃から、お客様から10万円金貨を購入して他者へ売却するという、ある意味での投資活動をしているためです。であれば、10万円というセーフティネットに気づけば、この発想に至るだろう、と。


しかし、この10万円金貨投資をお客様がおこなうには2つの課題があり、そう簡単には実現できなかったのです。「10万円金貨を購入できるお店がほぼなく、あったとしても在庫が少ない」「買取店が10万円金貨を買い取るときの手数料が高い」という課題です。

まず前者ですが、硬貨を販売するお店は希少価値の高い硬貨をメインに取り扱っているため、今のところは希少価値がほぼない10万円金貨は基本的に取り扱っていません。仮に取り扱っていたとしても、たまたまお客様から買い取った数枚を販売しているだけのことが多く、その数枚が売れてしまったら在庫切れになります。在庫が少ない点に関しては、ネットオークションでも直面する問題です。つまり、投資をしたいときに必要な分だけ金貨を購入できない点がネックとなっていました。

そして後者ですが、10万円金貨を買取店へ持ち込んだ際は、その当日の金価格から7～10％ほどの手数料を引いた価格で買い取られるのが基本です。

ゴールドバー（金の延べ棒）の場合であれば、グラム次第では手数料なしの金価格で売却できますから、この7～10％がネックになってしまうことは言うまでもありません。

ネットオークションで売却する手もありますが、価格が安定しない点や即売却できない点（その日の金価格で売却できない点）が投資には向かないと考えています。

これら課題や利益的な観点から、買取業界では「10万円金貨投資」という発想はありつつも、誰もがここを商売へつなげることができない状況が続いていたのだと存じます。

しかし私は、自身がプロデュースした「金貨買取本舗」を通して毎日10万円金貨を買い取っているため、10万円金貨に強い思い入れがあり、在庫も多く抱えております。

それに加えて、お買い取りに来てくださるお客様から、自己資産に対する不安の声もよく聞いていましたので、「何とかしてこれら課題をクリアし、10万円金貨投資を実現できないか」と思慮を巡らせ、そして、業界初のとあるサービスのご提供に至ったのです。

それこそが、自身プロデュースの「金貨販売本舗」でご提供している「認定金貨」でございます。認定金貨とは、金貨販売本舗が造幣局発行であることを保証した10万円金貨を指します。認定金貨であることを示すために、金貨販売本舗独自のシリアルナンバーと販売証が付加されているところがポイントです。

金貨販売本舗では、この認定金貨を通常価格から多少の手数料を上乗せした価格で販売し、手数料なしの金価格でお客様からお買い取りしています。これにより、お客様からすれば、ゴールドバーへの投資と同じような価格感で「10万円」の額面保証を手に入れられるのです。

その価格感ですが、2023年10月時点では、金20グラムのご在位60年記念金貨の認定金貨とゴールドバーを同日比較した場合、認定金貨のほうが購入額は1グラム170円高いものの、1グラム220円高く売却できます。また、手数料のかからないゴールドバー

500グラムなどと比べても、1グラム390円多く支払うことにはなるものの売却額はまったく同じです。

よって、少なくとも少額の投資であれば、利益面だけでなく額面保証も付くことから、認定金貨のほうが明らかに有利だとわかるかと存じます。

加えて、**小分けで投資できるために節税対策になる**のも強みです。

このサービス内容を聞いて、「貴社にどのようなうま味があるのか」と疑問に思ったかもしれません。実際、お客様にこのサービスをご紹介すると、毎回このような質問を受けます。もともと、10万円金貨を7～10%の手数料を引いた額で買い取っていた買取屋さんが、手数料0%で買い取るわけですからね。

そして、その度に「認定金貨をその日に購入する方もいれば、その日に売却する方もいる。その差し引きをシミュレーションした結果、ギリギリ赤字にならないという見通しが立ったからこそご提供できる」とお答えしています。しかし、実際のところは、「本サービスを長い間ご提供し続けなければわからない」というのが本音です。

ですが、この本音よりも、「資産防衛術としてぜひお客様に10万円金貨投資を利用してほしい」という私の強い思いが勝り、認定金貨をご提供するに至っています。

ここまでが、私が10万円金貨投資を推し進めるまでの背景です。

そして、本書を書くに至った理由は、日本国だからこそ可能なこの投資をもっと多くの方に認知していただき、利用してほしいという願いから来ています。

買取業界に携わる機会のない方からすると「10万円金貨を投資に使う」という発想はなかなか出てこないことかと存じます。また、ポートフォリオとして金投資を組み込んでいる方からすれば、10万円金貨投資（認定金貨投資）は非常に魅力的に映るでしょう。

世の中、ウェブサイトだけでなく、書籍から情報を得る方々も多くいらっしゃいますから、そういった方々にアプローチできるよう、また、自身の金貨の経験を楽しくご紹介したいという思いもあって、本書を制作するに至りました。

長くなりましたが、本書に至るまでの道のりをご紹介させていただきました。

近年では、X（旧・Twitter）にて、「10万円金貨が元本保証でいつでも権利行使できる金のコールオプション付き商品みたいな最強の投資商品だった」といった旨の投稿が約

210万件表示、約2000件リポスト、約1万いいねを記録したこともありました。

その投稿は偶然私の家族が見つけたものですが、我が金貨買取本舗の参考買取価格ページのスクリーンショット付きでの投稿でしたので、「こんなかたちで注目が集まることがあるのか！」と非常に驚いたことは今でも鮮明に覚えています。

また、投稿への反応を見てみると、10万円金貨の実態についてご存じのない方が意外と多いのだと感じました。こんな情勢だからこそ、金貨の書籍が輝くだろうと信じています。

本書を制作するにあたり、ご監修くださった「認定金貨販売向上委員会」の発起人である佐藤春来さま、執筆にご協力くださった小林大毅さま、本書の挿絵をご監督くださった清水友博さま、そして、編集者であり何度も私の相談に乗ってくださった株式会社クロスメディア・パブリッシングの土屋友香理さまに心から感謝申し上げます。

私どもが推進する10万円金貨投資（認定金貨投資）に多少なりともご興味をお持ちいただけた読者さまは、ぜひ金貨販売本舗のウェブサイト（https://www.politicalstaples.com/kinkahanbai/）からご検討いただけると幸甚でございます。

［著者略歴］
**岩田龍樹**（いわた・たつき）

株式会社スーパーゴールド社長。1988年8月、三重県鈴鹿市生まれ。12歳よりアメリカのアラバマ州で17歳まで生活。そのころビンテージカーや現地音楽に触発され、リサイクルショップを見て回ることが趣味のようになる。2014年、株式会社スーパーゴールド入社。持ち前の探求心から金貨類への造詣を深め、金貨だけに特化した買取専門店「金貨買取本舗」をプロデュース。代表取締役社長に就任し、現在の礎を築く。2022年、代表取締役を退任後、株式会社パレットプラスを立ち上げ、スーパーゴールドにおける金貨の総販売元として日夜奮闘中。今まで培った知識と金貨の投資商品としての可能性を惜しげもなく世に広めるために本書を書き上げる。現在の趣味は、トレーディングカード収集と温泉巡り。

金貨買取本舗　https://www.politicalstaples.com/
金貨販売本舗　https://www.politicalstaples.com/kinkahanbai/
こちら買取本舗　https://www.carbon-gold.com/

［監修］
**認定金貨販売向上委員会**

発起人 佐藤春来

---

9割《わり》の投資家《とうしか》が知《し》らない 金貨《きんか》の世界《せかい》

2023年11月1日　初版発行

著者　岩田龍樹

発行者　小早川幸一郎

発行　株式会社クロスメディア・パブリッシング
〒151-0051 東京都渋谷区千駄ヶ谷4-20-3 東栄神宮外苑ビル
https://www.cm-publishing.co.jp
◎本の内容に関するお問い合わせ先：TEL（03）5413-3140／FAX（03）5413-3141

発売　株式会社インプレス
〒101-0051 東京都千代田区神田神保町一丁目105番地
◎乱丁本・落丁本などのお問い合わせ先：FAX（03）6837-5023
service@impress.co.jp
※古書店で購入されたものについてはお取り替えできません

印刷・製本　株式会社シナノ

　ISBN978-4-295-40862-8　C2033